北朝鮮の漂着船

海からやってくる新たな脅威

特定失踪者問題調査会代表
拓殖大学海外事情研究所教授
荒木和博

草思社

はじめに

私が代表を務める特定失踪者問題調査会は、平成十五年（二〇〇三）一月十日に設立されました。北朝鮮に拉致された疑いのある失踪者について調査し、拉致被害者の救出を行なうことを目的とする民間団体です。

設立の前年、平成十四年（二〇〇二）九月十七日、小泉純一郎総理の訪朝で当時、北朝鮮の指導者だった金正日《キムジョンイル》が拉致を認めました。そして十月には蓮池薫さん・祐木子さんと地村保志さん・富貴江さん、そして曽我ひとみさんの五人が帰国を果たしました。

このうち曽我ひとみさんは政府が認めた拉致被害者に入っていなかったため、原因不明の失踪をした人の家族が「うちも拉致されたのではないか」と声を上げるようになり、特定失踪者問題調査会はそれに応えて設立されました。

特定失踪者問題調査会では拉致の可能性のある失踪、そして政府認定の拉致、さらには北朝鮮の工作事案に関わる場所など全国をまわって調査を行なってきました。

平成二十三年（二〇一一）六月には「1万キロ現地調査」を開始。平成二十七年（二〇一五）十月に終了するまで、北は北海道の稚内・釧路、南は鹿児島の屋久島・種子島まで合計二十八回、文字どおり現地で走った距離は延べ一万キロに達しました。

そして痛感したのは、「日本の海岸はガラ空きである」ということでした。長大で複雑な海岸線は北朝鮮の工作員にとって、地形だけ考えてもいとも簡単に侵入できます。逆にいえば守るのがきわめて難しい。その状況の中で多数の工作員が長年にわたって自由に出入りし、日本人を拉致していきました。

しかし日本政府は、そのことを把握していながら、それを国民にほとんど知らせてこなかったことが徐々に明らかになってきました。報道機関も関心を持ったのは一部でした。警察や海上保安庁など公的機関でも現場では懸命な努力を続けていた人がいたのですが、何十年も状況は変わらず、被害者の数だけが増えていきました。

「1万キロ現地調査」終了後、特定失踪者問題調査会では調査と検証を分離して、公開で行なうものは「特別検証」と称し、テーマを決めて現場を訪れています。そして海岸の守りや工作員の活動についてさらに深く掘り下げるのみならず、そもそも日本という国が国民を守ってこなかったことを痛感もしています。それは理屈ではなく、「皮膚感覚」

ともいえるものです。

平成二十九年（二〇一七）から三十年（二〇一八）にかけて、一時、米朝関係が緊張しました。そのとき、あるいは難民が押し寄せる事態が起きるのではないか、また上手くいけば、それを拉致被害者救出に結びつけられるのではないかという問題意識のもと、私たちは平成二十九年（二〇一七）九月に難民問題を検討する「『その後』プロジェクト」をスタートさせました。

その最中に、北朝鮮木造船の漂着が相次ぐようになったのです。

本書は北朝鮮の木造船の着岸・漂流がいかに深刻な問題であるか、現地をまわってショックを受けたことが発端で書き始めました。はじめて現場に行った平成三十年二月二日、暗闇の中に浮かんだ漂着船のことは本文（第1章）に書きましたが、正直なところ人生観の変わるような衝撃でした。

しかし現場をまわり、これまで調べてきたことなどと突き合わせているうちに、問題はさらに深刻であるとの思いを深めていきました。政府の国民への問題の隠蔽、拉致問題との関連、そして日本の安全保障上の根本的な欠陥、それらから見えてきた日本の危機について、より深刻な思いを持って書いたのが本書です。

私は昭和三十一年（一九五六）の生まれ、すでに六十代ですが、私たちの二十代三十代、一九七〇年代から八〇年代は本当に良い時代でした。いろいろなことはありましたが、平和で豊かで、多くの人が「先に行けば行くほど世の中は良くなる」と漠然と思っていました。

私自身それを享受していたのですが、一方で私は当時から何かしっくりこないものを感じていました。本当にこれで良いのだろうか、と。

なんでそう思っていたのか、いまでもよくわかりません。しかし少なくとも現実にはこの時期、私と同じ世代の若者が北朝鮮に拉致され、そして日本政府はそれを事実上、見捨てていました。蓮池薫さんは私より一歳下、奥さんの祐木子さんは私と同学年、同時に帰国した他の三人もみな同じ世代です。彼らが青春時代を失って明日の命も保障されないあいだ、大部分の国民はそれを知りませんでした。

知らなかったとはいえ、それは国民が見捨てていたのも同前です。もちろん私も含めて。だから、昭和の時代の矛盾は私たちの世代が引き受けなければなりません。

拉致問題は平成に入ってから起きた事件も多数あり、漂着船の問題になれば、まさにいま起きているわけですが、ともかく現実を直視し、その矛盾と格闘する姿勢は持ち続けるべきなのではないかと思っています。本書がその役割を充分に果たせるとは思っていませんが、少なくともこれを書いておけば、自分がその渦中に身を投じ、逃げられなくなるだろうとは考えています。

日本にやってくる北朝鮮の木造船と、それをふくめた北朝鮮という「対岸」に対処する日本の問題点から、いったい日本の「平和」とは何なのか、考えるきっかけにしていただければ幸いです。

北朝鮮の漂着船

海からやってくる新たな脅威

目次

第2章 見過ごされてきた危機

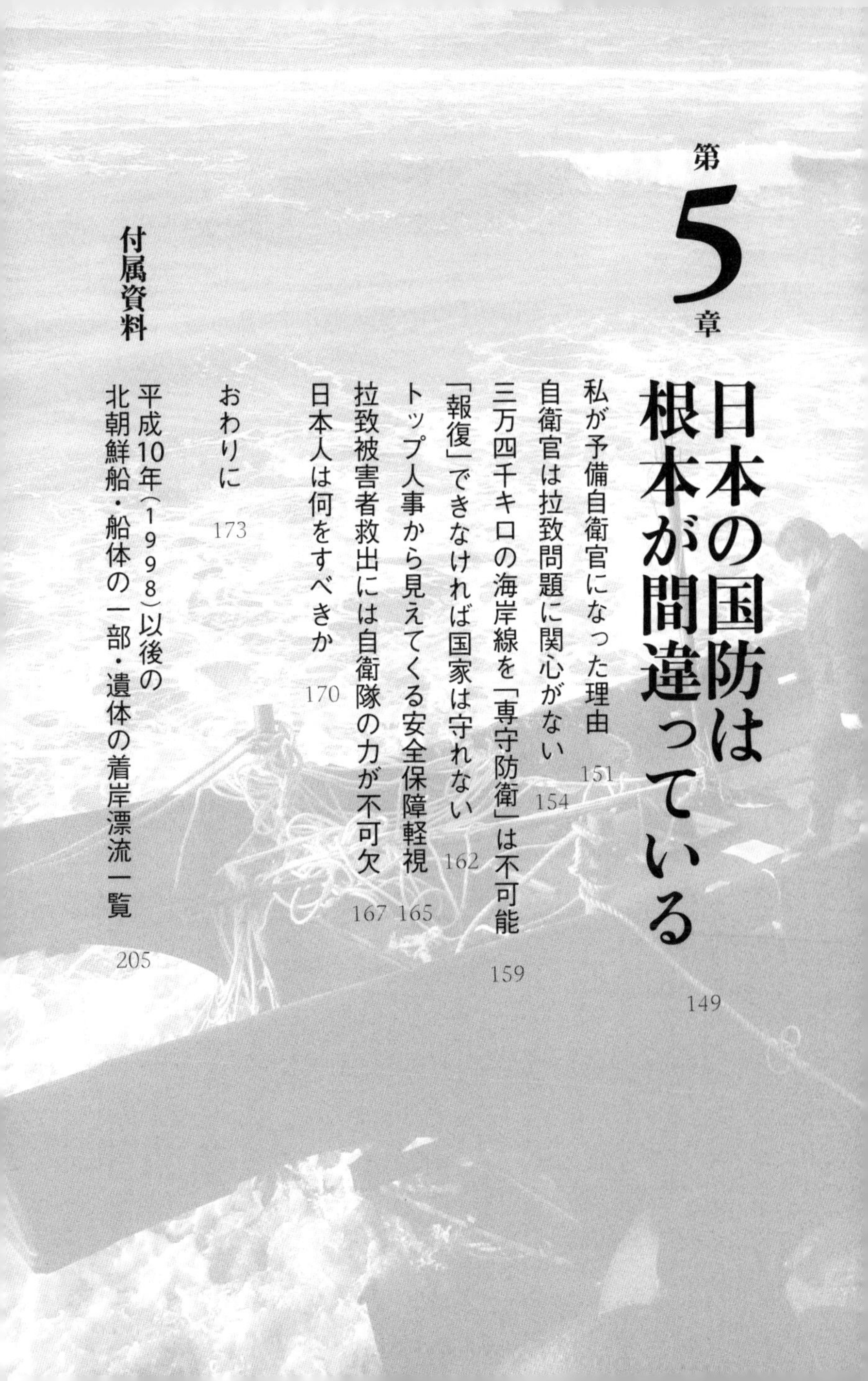

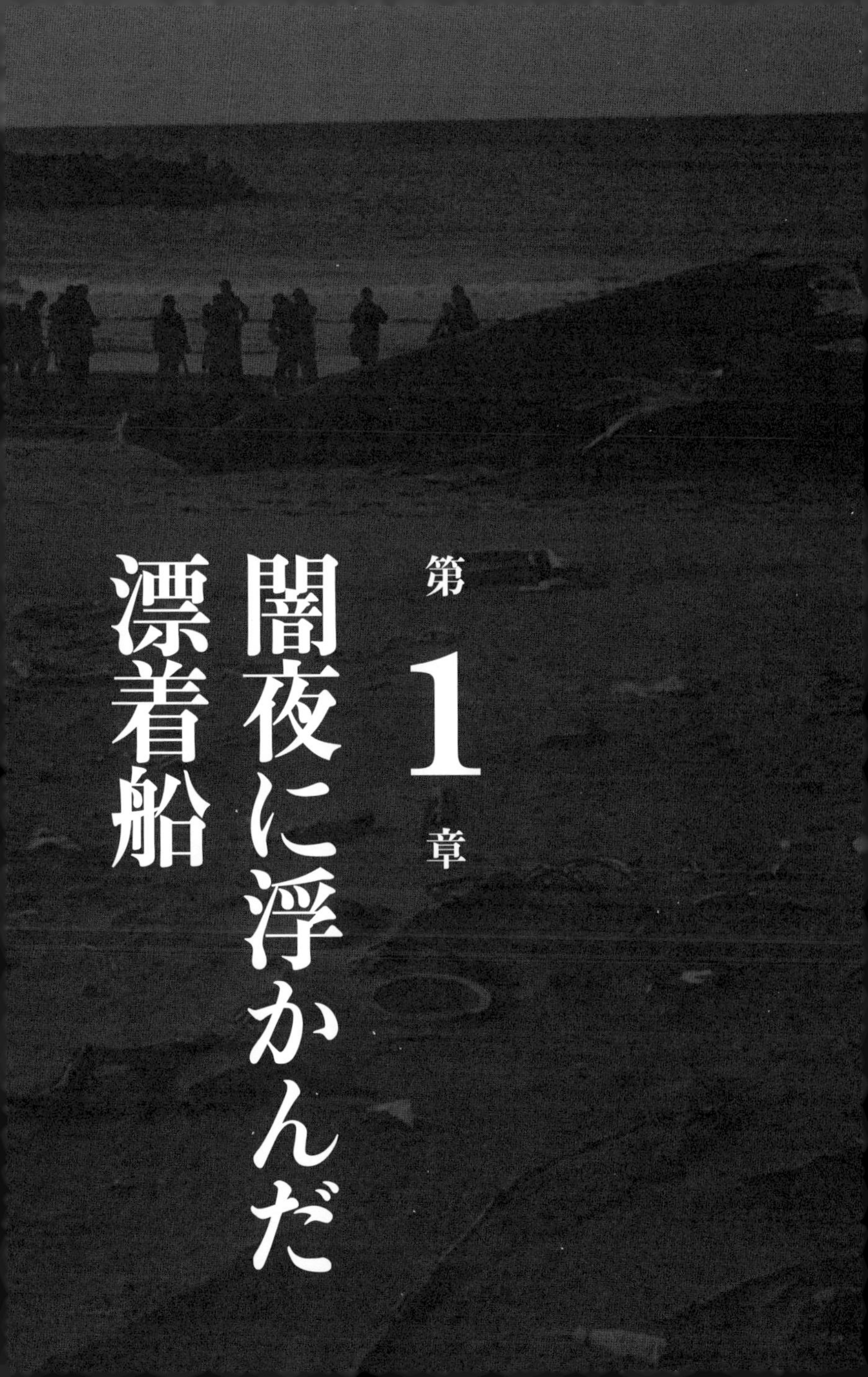

第1章 闇夜に浮かんだ漂着船

平成三十年（二〇一八）二月から、私は何度も漂着船の現場に赴いた。この章はその現場で見て、感じたことのルポである。私は直接漂着船に触れて、人生観の変わるようなショックを受けた。

「海に囲まれているから安全」という神話

平成二十九年（二〇一七）九月から、特定失踪者問題調査会では「『その後』プロジェクト」を開始した。米朝間の緊張の高まりと北朝鮮内部の変化の兆しに対応し、北朝鮮からの難民への対処の準備をするのがその目的だった。このことは「はじめに」で述べたとおりである。プロジェクトの特別顧問として加藤博・北朝鮮難民救援基金理事長と三浦小太郎・アジア自由民主連帯協議会事務局長に就任していただいた。

セミナーを開催し検討を続けている中で、十一月二十三日、北朝鮮の木造船が秋田県由利本荘《ゆりほんじょう》市のマリーナに着岸し、乗組員八人が保護されるという事件が起きた（写真1）。

さらにその五日後の十一月二十八日、北海道松前町の無人島・松前小島に北朝鮮船が港に着岸しているのを道警ヘリが発見した（写真2）。乗組員十人はその一週間程度前から島に滞留し、詰所の物品を洗剤に至るまでことごとく窃盗し、はては灯台のソーラーパネルまで盗もうとしていた。

そしてこの頃から、多数の北朝鮮船が日本海沿岸に着岸しはじめた。毎年、日本海沿岸には数十隻の北朝鮮船が漂着するのだが、このときは量的にみただけでも明らかに異常だった。

「『その後』プロジェクト」スタートのときには、このような漂着の急増までは想定していなかったのだが、私たちは否が応でもこの問題に取り組まざるをえなくなったのである。

いったい、どれだけの船がきているのか。ともかく集められるかぎりの資料を集めたところ、平成二十九年十一月から翌平成三十年（二〇一八）二月までで、その数は約百二十隻、この間に漂着した遺体は七十体を超えた。

巻末にその一覧を載せてあるが、これはあくまで一部である。情報は海上保安庁の資料に各地の地元紙などに掲載された事件や、各地の支援者の方から寄せられた情報を加えて記載している。

したがって情報が上がってこない地域で起きた事件は、一覧には入っていない。そもそも海上保安庁や警察でも、すべてのケースが東京に上げられているかどうか怪しいのである。ひょっとしたら誰も全体像をわかっていないのかもしれない。

着岸漂流リストは私のブログに載せて逐次更新しているが、それでも相当の数が抜けているはずだ。実際現地に行ってみるたびに、リストに載っていなかった新しい情報が入る。多数抜けたケースがあっても、これだけの数なのである。

写真１｜秋田県由利本荘市の漂着船／提供・毎日新聞社

「はじめに」でも書いたが、特定失踪者問題調査会では拉致問題を調べていく中で、海岸線からの工作員の上陸について関心を持ってきた。ともかく現場を見ようという目的で東日本大震災の三か

写真2｜北海道松前町の無人島・松前小島に流れ着いた漂着船／提供・毎日新聞社

月後、平成二十三年（二〇一一）六月にスタートした「1万キロ現地調査」でも全国の工作員上陸地点をまわった。そして日本の海岸が、工作員にとってきわめてたやすく上陸できるということを痛感し、これまでの認識がいかに甘かったかを再認識してきた。

しかし、この漂着船について調べていくうちに、その認識すら甘いことに気づいた。

工作員である必要はない。極論をすれば誰でも入れるということだ。そして、私たちが「日本は海に囲まれているから安全だ」と思っていたのはまったくの間違いで、海には壁が築けないのである。後述する平成十九年（二〇〇七）六月二十九日、青森県深浦町の港にやってきた北朝鮮船は、まさにその象徴ともいえる。

北朝鮮は「海のはるか向こう」ではなく「向こう岸」と考えるべきだ。そして、そこから大量の船が流れ着いている。遠からず難民などのかたちでやってくる生きた人間が急増する事態が起きる可能性がある。それはひょっとしたら、日本の「戦後」を変える「黒船」になるのかもしれない。

以下はその「黒船」に直接接したルポである。

暗闇に浮かんだ「怪獣」

漂着船が年間数十隻やってきていることは前から聞いていた。講演でもそんな話はしていた。それでも、それほど深刻に考えてはいなかったというのが正直なところである。しかし漂着の急増を知って、どこかの時点で現場に行かなければならないという思いが募っていった。報道やネットではわからない、生の感触を得たかった。

最初に現場を見に行ったのは石川県だった。平成三十年（二〇一八）二月二日のことである。この翌日、石川は大雪で県内の交通がストップした。間一髪の幸運だった。旧民社党時代からの友人であり、救う会石川の事務局長（後に会長）だった大口英夫・前石川県議の案内で漂着船を見に行った。救う会は拉致被害者を救出するための民間団体で平成九年（一九九七）、横田めぐみさん拉致が明らかになってから各地で有志が活動を始めた。救う会石川も、そのような組織のひとつである。

まず赴いたのは金沢市と西隣の白山市の境に近い安原海岸の漂着船。約ひと月前、一月十日に漂着した船だ（写真3）。私が見たときは砂浜に半ば埋まった状態だったが、最初は少し沖のテトラポッドのあたりに漂着したものを砂浜に移動させたのだそうだ。

船は長さ約十六メートルの大型のもので、周辺および船内から遺体八体が見つかっている。遺体は年齢不詳で顔などの一部が白骨化し、黒色のジャンパーと青色のズボンを着用していた。身元や国籍のわかるものは身に着けていなかったという。

船内の遺体が見つかったのは一月十六日。船首付近に四体、真ん中あたりに三体が折り重なるように倒れていたそうだ（もう一体は船の近くで見つかった）。目立った外傷はなかったということなので、おそらく時化《しけ》で流されたまま機関も故障し、為すすべもなく低体温症で命を落としたのではないだろうか。

ともかく粗末な造りである。この漂着船はエンジンも残っていた。船に詳しくないので断言できないが、よくいわれる中国製のトラクター用中古エンジンではないか。

船尾にはスクリューもあったがプラスチック製なのには驚いた。北朝鮮木造船は一様に船底が平らで（写真4）、外洋に出たらきわめて不安定であることは素人目にも一目瞭然だった。日本人で船のことをある程度知っている人に船底の写真を見せると一様に「え、これで外海に出るんですか」と驚く。日本なら川船くらいにしか使わない構造である。

ちなみに、この種の木造漁船に乗ったことのある脱北者の知人に聞いたところ、「海が荒れて下に落ちていくときは空が小さく見えるんです。それで『もう死ぬのかな』と思っていると今度は上に持ち上げられて……」と言っていた。

写真3｜石川県金沢市安原海岸の漂着船

その後、漂着船を見るたびに「異物感」とでもいうべきか、「ここにあってはならないものがある」という不思議な感覚を持った。以来、私は人にも現物を見るように勧めているし、自分自身、引かれるように何度も現場を訪れるのだが、その原点はこのときの「異物感」だったように思う。

その後、私たちは能登半島西岸を北上した。砂浜を自動車が走れることで有名な「千里浜なぎさドライブウェイ」の傍らにも小さな船が置かれていた。この船には完全にビニールシートが被せられていた。知らない人が見たら北朝鮮の漂着船とは気づかないはずだ。観光地なので自治体が隠したのだろう（写真5）。

さらに北に向かって走っているうちにあたりは暗くなってきた。大口さんが調べてくれた資料では能登半島の真ん中、志賀《しか》町の海士埼《あまさき》灯台から南に行ったところにあるという。灯台に着いたときにはもう八時近くになっており、あたりは真っ暗だった。岩場の海岸で、そこにいるだけでも怖かったのだが、とりあえず行ってみようということで歩いて行った。しかし行けども行けども岩場だけ、漂着ゴミは山ほどころがっているが船は見えない。

私は「もう見つかりそうもないから戻ろうか」と言ったが、「もう少し行ってみましょう」という大口さんの言葉に励まされてさらに歩いた。

しばらく歩いて「あの先まで行って見つからなかったら帰ろう」と思いながら、先の方を懐中電灯で照らしてみた。ここまでくる途中、ホームセンターで購入した大型の懐中電灯は意外と強力だった。百メートルくらい先に、怪獣が海を向いて首をもたげてい

写真4｜平らな船底。プラスチック製のスクリューがついている

写真5｜千里浜ドライブウェイの傍らに置かれた小さな漂着船

るようなシルエットが浮かび上がったのだった（写真６－１）。

思わず息を呑んだ。そのときの感覚はまさに「戦慄」であった。「ほら、こんなことが起きてるんだぜ。放っておいていいのかい？」と、その亡霊のような船がせせら笑っているようにも感じられた。

私たちは引き寄せられるように船に向かって行った。私と大口さん、そして同行した即応予備自衛官でもある救う会石川の木村さん、大の男が三人で行ったわけだが、恥ずかしながら私一人では怖くてとても近寄れなかったろう。

船のエンジンは残っていなかった。逆転機につながっていたと思われるスクリューのシャフトもなく、シャフトの入っていたところには布が詰められていた（写真６－２）。時化でスクリューが脱落し、入ってくる水を止めようとして布を詰めたのだろうと思った。横浜の海上保安資料館に展示されている北朝鮮工作船が、巡視船の銃撃で穴の開いた部分を塞ぐのに布を詰めたりしていたからだ。

しかし、後に海洋問題の専門家である山田吉彦・東海大教授の指摘で、実際にはそうでなく、さらに深刻な問題だったことがわかった。

山田教授によれば、この布はスクリューを先に取り外して、その穴を塞ぐために詰め

写真6-1｜闇夜の漂着船

写真6-2｜布が詰められていた漂着船内のシャフト

込んだもので、エンジンも事前に取り外したと思われる、とのこと。たしかにエンジンの取り付け部はもげたようにはなっていなかった。つまり意図的に海に放したということだろう。何の目的でそうしたのか。これは実際のケースをもっと現場をまわって、北朝鮮からの情報も得て調べるしかない。

崩れていく木造船

そのちょうどひと月後、三月二日に私は再び石川に行った。このときは特定失踪者問題調査会の特別検証として、調査会役員や「その後」プロジェクトの特別顧問である加藤博・北朝鮮難民救援基金理事長、予備役ブルーリボンの会・葛城奈海広報部会長、大口事務局長をはじめとする地元救う会石川のメンバーと一緒である。

家族会の寺越昭二さんの息子さんたち、長男の寺越昭男さん・次男の北野政男さん、三男の内田美津夫さんも同行した。マスコミも関心を持ってくれて、多数の社が取材にきてくれた。寺越昭二さんは昭和三十八年（一九六三）五月に能登半島沿岸で漁船に乗っていた三人が拉致された「寺越事件」の被害者の一人である。

写真7｜波打ち際で少しずつ崩れていく漂着船

最初に行ったのは、金沢市の安原海岸の船だった。この日は爆弾低気圧の影響で海が荒れていた。ひと月前、原形を留めていた船は大きな波がくるたびに「ギシッ」という音を立てて揺らぎ、崩れていった。その様子は「海に還る」とでもいうべきか（写真7）。船内から発見された七体の遺体と、近くで発見された一体、そして流れ着くこともなく海底に消えたであろう残りの遺体の後を追っているようでもあった。

時間が許しさえすれば、私は一人でその姿を見続けていたろう。「哀愁」などという生易しい感傷とは次元の異なる、凄絶さを感じたのである。

「やがて、大変な事態がやってくる」

崩れていく船は、それを暗示してあまりあるものだった。しかし、その後この木造船は処分されて、現場には何も残っていないという。おそらくは地元の人の記憶からも消えているのではないか。

しかし、どう考えてもこんな船が北朝鮮からやってきて、船内と近くから八人の遺体が見つかったというのは大変なことなのだ。喉元過ぎれば熱さを忘れる。だからこそ怖いのである。

この特別検証のときも、金沢の後は能登半島西岸を北上して志賀町に行った。現地で説明してくれた志賀町役場の人によれば、平成二十九年（二〇一七）十一月から平成三十年二月までに、志賀町だけで十二件の漂着があったそうだ。

三月二日に行ったのはこのうち海士埼灯台付近の三か所。最初に見たのは二月十三日漂着した木造船で、長さ約五・六メートル、幅約一・四メートル。公園の手こぎボートを二回りくらい大きくした程度で、今回見たうちでももっとも小型だった（写真8）。

まさに「板子一枚下は地獄」の世界で、こんな船に乗って大和堆《やまとたい》までやってくるのかと、わが目を疑うほどだった（しかし考えてみれば、後述する青森県深浦港にやってきた船はこれより少し大きい程度だったのだ）。

二隻目は前に述べた闇夜に浮かんだ船である。海士埼灯台の南、西海千ノ浦海岸に一月二十四日に漂着。長さ八・一五メートル、幅一・九メートル。船体に白く「６１４」という番号が記載されていた。今回は昼間で、マスコミも含めて大勢で行ったのだが、荒れた波をバックにすると闇夜とはまた別の凄みがあった（写真9）。

あたりには船の破片が散乱している。ひと月前とまったく変わっていなかった。現在は処理されているというが、岩場で重機を入れるのは大変だったろう。解体して処理するためには相当のコストがかかったはずだ。

ちなみに金沢市安原海岸の木造船の処分では浜辺にあって重機も使いやすく、しかもこの日の波でかなり崩れていたのだが、それでも解体費用は百万円ほどかかったという。重機の入らない岩場ではどれくらいになるのだろう。

解体費用自体は環境省が出すことになっているが、それでも自治体にとって重い負担であることは間違いない。解体できないところは、後に述べる男鹿《おが》の漂着船のように五年も放置されたままになってしまう。

ちなみに北朝鮮船の扱いは、基本的に海上にあるときは海上保安庁、陸に着けば警察が担当し、「事件性なし」と判断されれば産業廃棄物扱いで自治体が処理することになっている。

漂着すること自体が事件だと思うのだが、警察も海上保安庁も事件となれば面倒だから、可能なかぎり遭難して流れ着いただけ、「事件性なし」にしたいのである。

三隻目は二月十日、一隻目と同じ日に見つかった船である。長さ約十二メートル、幅約二メートルで船首部分に「５０５—６４２７１」の番号記載があり、二月一日に金沢港沖で漂流しているのが発見されたもの。その後流れてきて、ここに漂着したらしい。岩場に完全にひっくり返って乗っかっており、船底の平らなのが一目瞭然である（写真10）。これもスクリューはプラスチック製だった。この船は三月二日の検証のときはまだ船内の捜索をしていないとの話だった。

ちなみに脱北者の知人によれば、最初の「５」は清津《チョンジン》を表す数字とのこと。その後の二ケタ分は事業所の番号ではないかとのことだった。前年平成二十九年の十一月二十四日、秋田県男鹿市に漂着した木造船の船首付近には「５５６—６０７５６」、二月二日、秋田県の由利本荘市に漂着した木造船（一部）には赤い字で「５５６—６０２６９」と書かれていた。清津の同じ事業所の船ということだろう。

志賀町で岩場を歩いているとき、北朝鮮の漁船員のものと思われるライフジャケットを見つけた（写真11）。オレンジ色で左胸に「박남일」（朴ナムイル）、右胸に「박」（朴）

写真8｜石川県の志賀町海士埼付近で見つかった小さな漂着船

写真10(上)｜岩場に平らな船底をさらす漂着船(志賀町)　**写真11**(下)｜北朝鮮の漁船員のものと思われるライフジャケット

写真9｜荒波にさらされる漂着船(志賀町)

と書かれた名札がついており、後ろには「556―63088」と数字が書かれていた。男鹿の漂着船と同じ事業所の所属ということになる。粗末なライフジャケットで、こんなものがいざというとき役に立つのだろうかと思えるような代物だった。

その後、特定失踪者問題調査会の短波放送「しおかぜ」の吹き込みのとき、私はこの朴ナムイルという、おそらくもはやこの世にはいないであろう持ち主の家族に呼びかけた。「ライフジャケットは保管してあります。お会いしたらお渡しします」と。今もこのライフジャケットは調査会事務所にある。

平成二十九年に漂着した遺体はざっと数えただけで七十体にのぼる。当然、そのまま海底に沈んだ遺体も相当あるはずで、平成二十九年から三十年にかけての冬だけでおそらく数百人、場合によっては千人以上亡くなったのではないか。

「それでも漁に出ていくんです。家族を養うために。仲間の船で遭難があっても気にしている余裕はない」と前述の脱北者は言っていた。日本人には想像を絶する話だが、それが現実に起きているのだ。

最後に行ったのは志賀町とは金沢市を挟んで反対側になる、福井県との県境・加賀市美岬《みさき》町の漂着船である。この船は北陸自動車道尼御前《あまごぜん》サービスエリアの近く、橋立海水浴場東端のテトラポッドに横付けするように漂着していた。

漂着は二月十一日。長さ約十八メートル、幅約五メートルで、今回見た中ではいちばん大型、甲板上の構造物はほとんどなくなっていたが、船体はもっとも原型を保っていた。船首右舷に「504—66272」と記載されている。これも清津の船と思われる（写真12）。

写真12｜石川県加賀市美岬町の漂着船

大口さんと私がテトラポッドをつたって船の甲板に上がったが、このときも波が激しく叩きつけていた。甲板にも波が入ってきて足がすくんだ。ハッチの下にはロープやライフジャケットなどが見えた。
陸上から船を見ていたとき軽乗用車がやってきて、中年の女性が「何をやっているんですか」と聞いてきた。すぐ近くの家の奥さんだそうで、マスコミのテレビカメラも含め多数の人がきているのに驚いてやってきたのだった。

「北朝鮮の人がやってきたのかと思った」と言われたのには苦笑したが、家の近くにこんな船が漂着すれば、たしかに誰でも心配するだろう。実際、漂着直後は警察が上陸者がいないか捜索を行なったそうだ。

散乱する燃料タンク

平成三十年（二〇一八）四月十四日、私はもう一度石川に行った。今度は拉致議連会長代行であり国民民主党の拉致問題対策本部長である渡辺周衆議院議員と地元の近藤和也衆議院議員、特定失踪者家族会の竹下珠路事務局長、吉見美保幹事も一緒だった。案内は大口さん、川裕一郎県議をはじめとする救う会石川のみなさん、家族会の寺越昭二さんが務めてくれた。

今回はまっすぐ志賀町に向かったが、最初に赴いた百浦《ももうら》海岸にはほぼ裏返しになり、平らな船底がむき出しになった船が漂着していた（写真13）。

通常の漂着船はコールタールで黒く塗装されているのだが、底が茶色で舷側は青っぽく見えた。これは黒い色が少し抜けたせいだったのかもしれない。この船のスクリューは鉄製だったが、ブリキを曲げたようなちゃちなものであった。

あたりには船体の破片が散乱しており、燃料の入ったポリタンクまで転がっていた（写真14）。そもそも危険だし、中身を分析すれば北朝鮮の燃料事情を知る手がかりにもなるのにと思った。散乱していたポリタンクの中の燃料はほとんど残っていたから、外海に出て間もなく遭難したということだろうか。

その後は前回と同じ海士埼灯台近くの三隻を見たが、周辺の状況はどれもひと月前とまったく変わっていなかった。行政を非難するにはあたらない。物理的に対応が間に合わないのである。特に能登半島の場合、海岸線が複雑かつ長大で、過疎化、高齢化が進んでいる。警戒するのも容易ではないのだ。なお、その後石川の漂着船はすべて処理されたと聞いている。

このときも能登の後は加賀市の漂着船を見に行った。ここは三月二日と比べて一つだけ変化があった。浜辺に降りていく坂の入口に「風浪のため通行止　石川県大聖寺《だいしょうじ》土木事務所」という看板が立っていたことだ（写真15）。

ただし「風浪のため」という部分は緑色のガムテープで申し訳のように隠されていた。この看板の指示に従う人は相当法律遵守の意識の高い人だろうが、現実にはほとんど役に立たない。「注意を呼びかけていますよ」という言い訳のようなものだった。

私たちは看板を横目に見ながら降りていった。三月のときと違って、このときは引き潮で天気も落ち着いており、船の中をじっくり見ることができた。漁網や燃料タンク、ペットボトルなどが見えた。

居住区と思われる船室にも入ってみたが、立つどころか、しゃがんでも頭がつかえそうな狭さで、この中にいて時化にあったらシェイクされるカクテルのようになってしまうのではないかと思った（写真16）。

部屋と部屋の間は仕切りだけで、扉はない。一度甲板に上がらないと隣りの部屋に行けない構造で、これは平底になっているのと同様、水密扉を作る技術がないのだろう。もっとも、木造船ではそもそも水密扉を設けること自体難しいのかもしれないが。

ミサイルを作り、核開発をして、精巧な偽札を印刷しても、基礎的な技術は原始的な国、それが北朝鮮なのだ。漂着船はその証拠ともいえる。そして、その犠牲となっているのが遺体となって漂着した人々ということだ。

写真 14｜燃料が入ったままのポリタンク

写真 13｜石川県加賀市百浦海岸の漂着船

写真 15(左)｜言い訳のために置かれているような通行止めの看板
写真 16(右)｜しゃがんでも頭がつかえそうな狭小な船室

五年間放置された漂着船

男鹿半島に行ったのは平成三十年（二〇一八）五月十一日だった。今度は救う会秋田のみなさんにご協力いただいた。

最初に向かったのが男鹿半島の北浦湯本。男鹿半島の北側、男鹿温泉から下ったところである。救う会秋田・男鹿地区の田沼昭男会長や二田良英さんら地元の救う会の方々が案内してくれた。いつも思うのだが地元の人がいてくれるのといないのでは、調査の成果は格段に変わってくる。このときも場所だけわかっていてもたどり着けなかったろう。

北浦の漁港から東に歩く。浜辺にテトラポッドが延々と並べられており、その横の道を歩いて行くと平成二十九年（二〇一七）十一月二十四日に漂着した船がテトラポッドの向こうに見えた。平らな船底を上にした状態で漂着していた（写真17）。

さらにその先には、五年前に漂着した船がまだそのまま残っているという。足首まで長靴を水に入れて海岸を歩いて行くと白い船が見えてきた（写真18）。

写真17
秋田県男鹿市北浦湯本
の漂着船

写真18
5年前に漂着し、その
ままになっている船

写真19
原始的な構造の漂着船
断面

着岸したのは平成二十五年（二〇一三）十二月二十五日。この船は中から、三体の遺体が発見されている。船体が白いのは五年経つうちにコールタールが抜けたのだろう。捜索のときに開けたと思われる穴が、船底と側面に空けられていた。この部分を見るときわめて原始的な構造の断面がわかる（写真19）。

ちなみに、この船はGoogle Earthでも見ることができる。不謹慎な形容だが、新しい漂着船と見比べると、こちらは白骨死体、新しいほうは腐乱死体という感じともいえた。

男鹿の漂着船は、この二隻以外はほとんど片づけられており、かろうじて入道崎《にゅうどうざき》灯台の近くから見下ろした海岸に船腹の一部らしきものが見られた程度だった。それにしても男鹿には平成二十九年以降、このときまでにリストに掲載したものだけで八隻が漂着している。私が気づいていないものもあるはずだ。

翌十二日は青森県の深浦町に向かった。このときは救う会秋田の伊藤見一さんらと一緒だった。深浦は同じく平成二十九年からこのときまで、リストだけで八隻の漂着が確認されているが、船自体はすべて片づけられていた。しかし田野沢《たのさわ》漁港で漁の準備をしていた男性に何か知らないかと聞いたところ、「自分が第一発見者だ」と言われて驚いた。男性の話によると、朝起きて窓を開け漁港を見ると港に白いものが浮かんでいる。何かと思ったら遺体だったというのである。その後近くで船が見つかっている。

これらの遺体は多くの場合、自治体が火葬して近くの寺が無縁仏として引き取ることになる。行き倒れと同じ、行旅《こうりょ》死亡人扱いである。かつては北朝鮮が引き取ったケースもあるようだが、いまは問い合わせもしてこない。北朝鮮に残された家族が個人で日本に問い合わせることは不可能であり、あきらめる以外に方法はないのだろう。

「あと二人乗っていた」

平成三十年（二〇一八）五月末、救う会秋田の松村譲裕代表から「由利本荘の船に、あと二人乗っていたという話がある」との情報が届いた。

「由利本荘の船」とは平成二十九年（二〇一七）十一月二十三日、秋田県由利本荘市の本荘マリーナに着岸した北朝鮮船のことである。八人が乗船していて、うち二人が近くの民家のインターフォンを鳴らしてわかったことになっている。「ことになっている」というのは現地で話を聞いてさらに疑問が深まったからなのだが、それについては後で述べる。

松村代表や救う会の舛谷正雄さん、土門礼子さんらと由利本荘マリーナ（写真20）に行ったのは六月二十七日、関係者の方々から当時の状況について聞いた。証言をまとめるとこのような感じだった。

この北朝鮮船は最初西防波堤の西側（外側）に着岸してテトラポッドに係留されていたものが波で内側に移動した。乗組員は自分たちのことを「イカ釣りの漁師で機関が故障して一か月漂流した」と言ったそうだが、当時は波が荒く、なおかつ夜で真っ暗だった。

防波堤の開口部は陸側から見ると開いて見えるが、海側からだと防波堤と岸壁が重なって見えるので開いているかどうかもわからない。機関故障した船がまっすぐ入ってくることは不可能だ。船を操船する人間なら、おかしいと思うはず。テレビでは船内にイカがあったと報道されたが、本当にイカがあったかどうか、誰も確認していないと思う。一か月漂流していたら船内に水も入るだろうし、低体温症で死んでいたのではないか。しかし八人は普通に本荘署の廊下を歩いていたという。誰一人衰弱していなかったというのもおかしい。大和堆はここから約二百五十キロ、当時の風の向きからしてエンジンが止まって二ノットで流されたとしてまっすぐなら三日ほどで着く。

堤防の内側に入った後、船は波にもまれていた。二十四日夜、警察が船を見失い、海上保安庁と警察で海中を捜索したが泥が巻き上げられ視界はほぼゼロだったそうだ。水温も低く一回に十分くらいしか海に入っていられなかったのではないか。おそらく手探りで調べるような感じだったのだと思う。結局、エンジンは西防波堤の外側、田尻沖防波堤とのあいだで見つかった。青いキャビンは見つからなかった。

写真20｜由利本荘マリーナ

自沈させた可能性はある。ただし八人が保護された後に沈んでいるので、自沈させたとすれば別の人間がやったことになる。
地元では、船にはあと二人乗っていて、すでに上陸しているとの噂が流れている。その二人を上陸させることが目的で、あとの八人はあえて捕まったのではないか。実際、警察は由利本荘の南、にかほ市の海岸に建つ小屋まで捜索したそうだ。

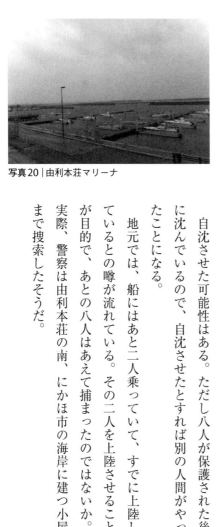

以上は地元で複数の方々に聞いた内容をまとめたものである。最初に乗組員がインターフォンを鳴らしたという家は、地元の県議・市議もいろいろ調べてくれて、私たちも何件か聞き込みをしてみたのだが、結局わからなかった。

大都会ならいざ知らず、お互いにみな顔のわかっているような地域である。普通ならどの家にきたのかなど、簡単にわかるだろう。

考えてみると北朝鮮の漁師の家にインターフォンがあるとは思えない。インターフォンを鳴らして話をするなどという習慣はないだろう。そうなると「八人のうちの二人が近くの民家に行ってインターフォンを鳴らした」という情報自体が本当なのか、という疑いが湧いてくる。前に「八人が乗船していて、うち二人が近くの民家のインターフォンを鳴らしてわかったことになっている」と書いたのはそういうことである。

あるいは警察・海上保安庁が何かを知っていて、隠しているのかもしれない。だとすれば事態はさらに深刻だ。

木造船を見失った警察

由利本荘のケースでは警察と海上保安庁の連携の悪さが際立った。当初木造船は海上保安庁が確保する予定だったようだが、警察がやるということになり海上保安庁は手を引いた。そうしたら沈んでしまい、警察は大慌てで船の破片を拾い上げている。

ちなみに平成三十年（二〇一八）一月十六日、希望の党（当時）の外交安保調査会に警察庁が提出した資料には、由利本荘の事件は次のように書かれていた。

○平成二十九年十一月二十三日午後十一時二十五分頃、秋田県由利本荘市において「不審者がいる」旨の一一〇番通報を受け、秋田県警の警察官が臨場し、男性八名を発見・保護。所持品検査を実施した結果、武器等禁制品の所持はなかった。

○関係当局による事情聴取に対し、全員が一貫して「北朝鮮から漁のためにきたが、船が故障して漂着した」などと述べた。

○付近において発見された、男性らが乗っていたとみられる木造船についても、同船の一部とみられる木片や漁具等を発見・回収。
○平成二十九年十二月一日、警察から入国管理局に八名を引き渡し。
配られた資料を見て、私は目を丸くした。役人の作文の能力のすごさに感服（？）したのである。

「付近において発見された、男性らが乗っていたとみられる木造船についても、同船の一部とみられる木片や漁具等を発見・回収」。……そこには警察のミスで重要な証拠物件である船自体を逸失したことについては、まったく書かれていない。

それを含めて、この文書の問題点を列挙してみよう。それはすなわち、わが国の安全保障の問題点の象徴ともいえるからだ。

まず、最初の通報の問題については前述のとおりである。何が不審だったのか、誰が通報してきたのかの説明はなく、状況をきわめて曖昧に書いているのは、明らかにできない何かがあるのだろう。

「所持品検査を実施した結果、武器等禁制品の所持はなかった」というが、船の中に何があったのか、警察は確認していない。この場合の「所持品」とは本人たちの手回り品だけのはずだ。海中が視界ゼロだったのだから証拠隠滅しようとして「武器等禁制品」を事前に海中に投棄した可能性もないとはいえない。

「関係当局による事情聴取に対し、全員が一貫して『北朝鮮から漁のためにきたが、船が故障して漂着した』などと述べた」という。この部分の書き方は明らかにフィクションを事実であるかのように見せるための印象操作である。

この八人は、私が聞いている範囲では身柄が確保された後、全員同じ部屋に寝泊まりしていたそうだ。北朝鮮の場合、どんな組織でも基本的にその中に見張り役がいる。この船でも同様だったろう。場合によってはそれが誰なのか、乗っている人間すら知らない場合もあるはずだし、逆に見張り役でなくても何かあったら密告しなければ逆に処罰される社会である。一人になって、なおかつ身の危険がないと思わないかぎり、本当のことなど話すはずもなく、だからこそ「一貫して」話したのだろう。

前に述べたように、機関故障した船があのマリーナに入れる可能性はほとんどない。もし本当に流されてきたなら、荒天の中、着岸する前にテトラポッドにぶつかって船は壊れ、乗組員は放り出されていたはずだ。

私はこれまで拉致問題で、嫌というほど警察発表が自己弁護と問題の沈静化、責任逃れに終始していることを実感してきたが、北朝鮮船問題も同様である。

なお、警察についてだけ文句を言うのも不公平なので、海上保安庁についてもひと言述べておこう。この日は海上保安庁の担当者もきて説明したが、「日本に上陸する人間はすべて検疫を受けることになっています」と言っていたのには呆れてしまった。由利本荘も松前小島も上陸してしまってから見つかったのである。彼らはどこかで検疫を受けてきたのだろうか。

雪の海岸にカラスの群れが

翌六月二十八日は県南のにかほ市に行った。荒天の中、市の担当者が同行して丁寧に説明をしてくれたのはありがたかった。

最初に行ったのは餅田《もちだ》というところで、前年の十二月十九日に通行人が海岸で漂着船を発見、翌日その近くで漂着遺体一体が見つかっている。

次に行ったのは、同じく前年の十二月四日にバラバラになった船と遺体一体が見つかった赤石浜海水浴場。現地で当時の写真を見せてもらったが、他と同様の「異物感」が伝わってくるものだった。これはとりあえず船と遺体だけだったから不幸中の幸いだったのであって（それでも最初に遺体を発見した人はショックだったろう）、生きた人間が上陸したら、それこそ大変なことになっていたろう。

にかほ警察署は平成三十一年（二〇一九）春に由利本荘署に統合され、警部が所長を務める幹部交番に格下げされる予定だが、そもそも平成二十九年十二月に聞いたときは秋田県警で韓国語のできる人間は八人しかいないとのことだった。この統合は「県警察機能強化プラン」の一環とのことだが、本当に大丈夫なのだろうか。

赤石浜で市役所の方々と別れ、後はいただいた資料を頼りに現場をまわった。にかほ市内の漂着船はすべて片づけられており、地元の人に話を聞く程度のことしかできなかった。

それでも海岸で下半身だけの遺体が見つかった象潟《きさかた》の釜ノ上では、はっきりした場所がわからないのでとりあえず当たってみようと農作業をしていた女性に聞いたところ、「うちの裏の海岸だよ」との答えが返ってきた。その女性によれば夕方雪の積もった海岸にカラスが集まっているので、何かと思って見たら足が突き出ていたそうだ。不謹慎だが映画『犬神家の一族』の一シーンを連想してしまった。

隠蔽の海岸——山本美保さん失踪事件の謎

にかほからは羽越《うえつ》線で南下し、県境を越えた。遊佐《ゆざ》駅で庄内ブルーリボンの会（拉致被害者救出支援団体）の佐藤忠智代表らと合流、新潟との県境あつみ温泉まで海岸沿いに南下しながら漂着地点を確認していった。

山形県は山形市を中心とした内陸部と酒田市、鶴岡市を中心とした海側の庄内地方に別れるが、その庄内の海岸には平成二十九年（二〇一七）十一月から平成三十年（二〇一八）一月までのあいだに十一件の漂着があった。

遊佐は私にとっては特別な思いのある場所である。

昭和五十九年（一九八四）六月四日に山梨県甲府市の自宅を出たまま行方不明になった特定失踪者・山本美保さんについて、二十年後の平成十六年（二〇〇四）三月五日に山梨県警の警備一課長が記者会見をした。失踪から十七日後の六月二十一日にこの遊佐町の海岸に漂着していた女性の身元不明遺体が美保さんであると発表したのだ。

根拠は美保さんの双子の妹であり、現在特定失踪者家族会の幹事をしている森本美砂さんとＤＮＡ鑑定結果が一致したからとのことだった。

その発表はあまりにも矛盾が多く、とうてい信じられるものではなかった。調査していったところ、結論からいえば警察がＤＮＡデータを偽造して別の遺体を山本美保さんに結びつけ、自殺したかのように情報操作して拉致問題を「沈静化」させようとしたという事件だったことがわかる。これについては草思社刊の拙著『山本美保さん失踪事件の謎を追う』に書いているので詳しくはそちらをお読みいただきたいが、いまだに警察、そして政府はこの事件を認めようとしていない。

そんな因縁のある遊佐町の吹浦、西浜海岸で北朝鮮の乗組員と思われる男性の漂着遺体が見つかったのは平成二十九年（二〇一七）十二月十三日である。このあたりは工作員の出入りにも使われている。県境は警察の警備も手薄になるので利用しやすいのだろう。また、海流の流れと工作活動もやはり関連があると思われる。工作員の上陸・脱出ポイントと木造船の漂着地点は重なるところが多い。燃料の節約のためにも流れ着きやすいところを北朝鮮工作機関も選ぶのだろうか。

警察が山本美保さんに結びつけようとした遺体は無縁仏として他の身元不明遺体と一緒に遊佐町の帝立寺という曹洞宗のお寺に埋葬されているのだが、西浜海岸の遺体はどこに眠っているのだろう。そして警察が山本美保さんであるとした帝立寺の遺骨の本人はどんな人だったのだろうか。

じつは警察が山本美保さんであると発表した遺体についてはその後、特定失踪者問題調査会の特別調査班が官報に公告された身元不明遺体を調べていて、官報に記載されていないことがわかった。まさか官報の記録を隠滅するわけにはいかないだろうと思ったのだが、遊佐町役場に行政文書開示請求などを行なってみたところ、町の掲示板に告示されたのみで、官報には公告されていないことがわかった。

行旅病人及行旅死亡人取扱法には「第九条　行旅死亡人ノ住所、居所若ハ氏名知レサルトキハ市町村ハ其ノ状況相貌遺留物件其ノ他本人ノ認識ニ必要ナル事項ヲ公署ノ掲示場ニ告示シ且官報若ハ新聞紙ニ公告スヘシ」と書かれており、当時新聞報道はされたので、官報での公告を省略したのだろう。

同様のことは他の自治体でもなされていた可能性がある。官報に掲載されているだけでも行旅死亡人、つまり身元不明遺体は膨大な数になるのだが、実態はさらに多いということだ。気が遠くなるような話である。

遊佐町からはしばらく走り、庄内空港の手前、酒田市の浜中あさり海水浴場へ。ここでは平成二十九年十二月二十四日に遺体一体が打ち上げられている。星形マークがバックルに付いた布製ベルトをしていたとのことで、人民軍の水産事業所に所属していた人なのかもしれない。

庄内空港の下をくぐって鶴岡市に入り、湯野浜《ゆのはま》の海岸へ。ここには十二月十八日に長さ十メートル弱の木造船が漂着した。庄内の漂着船はすべて片づけられており、跡形もないが、いきなり十メートルの船が漂着したときは驚いただろう。

さらにもう少し南に行った同じ湯野浜にあるホテルの前の海岸にも、平成三十年（二〇一八）一月二十四日に木造船が漂着した。長さ五・四五メートル、幅一・五メートル。小さめの船だがホテルから国道一一二号線を挟んで海岸になっているので当時の宿泊客にはその姿が見えたかもしれない。

さらに海岸線を走り加茂水族館を越えて油戸《あぶらと》海岸へ。油戸南トンネル出口近くに大破した木造船が漂着し周辺で三体、木造船の下から一体、合計四体の遺体が発見されている。船が見つかったのは湯野浜のひと月前、十二月二十四日である。

もちろん亡くなった人たちは気の毒だが、遺体を発見した人や収容した人もそれぞれ大変だっただろう。このようなことが頻発して、そのうちＰＴＳＤのようなことが起きなければいいが。

ちなみに私はいまのところ、幸いにして漂着遺体にはお目にかかっていない。漂着船を見て人生観が変わったような気がしているのだが、遺体を見ればまた変わるのだろうと思っている。

次は約十キロ下って鶴岡市の堅苔沢《かたのりざわ》海岸。ここでは上半身のみの遺体が漂着している。そこから五キロほど南、海岸にある蕎麦屋裏の海岸では平成二十九年十二月十五日に遺体一体と付近に長靴や救命胴衣が見つかったとのこと。ちょうど店にご主人がおられて説明してくれた。ここには米国のＶＯＡのスタッフも取材にきたそうだ。

さらに南に行った暮坪《くれつぼ》海岸、ここには十一月二十一日に長さ約十メートルの木造船が漂着、船体にはハングルと「８９８２９」の数字が記載されていたという。

その南、米子漁港付近（写真21）では十二月二日、長さ十メートル弱の大破した木造船が漂着、船の近くから二体、米子漁港区域内の海面から一体の遺体が発見されている。

船体の一部となると、さらに多数流れ着いているのだが、とりあえず半日で概略は見ることができた。これは事前に佐藤会長が綿密に予定を組んでいてくれたからで、その基本となった資料は県庁にいる知人が作ってくれたそうだ。

これまで漂着船はかなり見てまわったほうだが、それができたのは、どこでも地元のみなさんが協力してくれたからで、逆にいえばしっかり情報を収集しないと、どこにどんな漂着船があるのか、場合によってはどこで生きた人間が上陸したかなどという重要なことすらわからなくなりかねないということだ。

危機は現地にあり、東京のパソコンでは本当の切実さはわからない。

写真21｜山形県鶴岡市の米子漁港付近の漂着現場

処分できない漂着船

平成三十年（二〇一八）八月三十一日、男鹿をもう一度訪れた。今回は日本維新の会拉致問題対策本部の役員・高木かおり参議院議員、串田誠一衆議院議員と一緒である。前回同様、救う会秋田・男鹿地区の田沼昭雄代表、二田良英さん、救う会秋田の舛谷政雄さんと安倍輝忠さんらにお世話になり、男鹿市役所では菅原宏二市長らからも話を聞いた。

見に行ったのは湯の尻漁港近くにある五年前の漂着船と、その手前にある平成二十九年十一月二十四日に漂着した船だったが、今回は五月に行ったときより潮が満ちていて、船に直接触れることはできなかった。

地元の漁協の人たちに話を聞くことができたが、平成二十九年の船は最初港近くに漂着していたので、その当時なら処分しやすかったはず、とのことだった。放置しているあいだに逆さになったままで海岸沿いにだんだん遠くに流されてしまったそうで、いまは陸側から重機を入れるのもテトラポッドが邪魔して難しく、海側は遠浅なので作業台船を持ってくることもできないのだそうだ。

漁協の人たちにしてみれば、波で流されて漁船に衝突したり漁網に絡まったりする可能性もあり、そもそも気持ちが悪くてしかたない。

しかし金沢の砂浜で、波に洗われてかなり崩れていた漂着船の処理に百万円かかったというのだから、この二隻を撤去するには少なくとも数千万円はかかるのではないか。環境省が予算を出すといっても、そう簡単にできるものではない。そしてまた次がきはじめたらお手上げで、下手をすればそのうち日本海の海岸はどこに行っても漂着した木造船が放置されているということになりかねない。

ヤグラが残っていた無人の木造船

青森県佐井《さい》村は青森県の東側、マサカリのような形をした下北半島の刃の部分にあたるところに位置する人口約二千人の村である。

私は佐井村には直接行っておらず、村役場の担当者と電話やＦＡＸでのやり取りをしただけだが、ここに平成二十九年（二〇一七）十一月二十七日、無人で漂着した木造船はきわめて重要な意味を持っているので付け加えておきたい。

この事件については海洋問題の専門家である山田吉彦・東海大教授が明らかにしているのでご存じの方も多いと思う。船内から男物のかかとの高い黒革靴が見つかった船である。ただでさえ滑りやすく、安定も悪い平底の木造船である。漁師が履くはずのない靴だ。

しかもこの船はイカを吊すヤグラなど、上部構造物がほとんどそのまま残った状態で漂着した。十一月十一日に日本海は時化ていた。もし乗組員が全員振り落とされるような時化に遭えばこのヤグラは最初になくなってしまうはずだ。残っているということは時化が過ぎた十一月中旬に出航して日本を「目指した」ということだろう（写真22）。

さらに、ヤグラが残った船なのに誰も乗っていなかったというのは明らかにおかしい。ヤグラが残って人間だけ振り飛ばされるはずはない。つまり、この船は何らかの人員を送り込むという任務で日本にやってきて、それを成功させた後、空船で海に流されたものと考えられる。場合によっては人が降りたまま放置した可能性もないとはいえないが。

平成三十年（二〇一八）六月四日、参院拉致特委で川合孝典議員（国民民主党）はこの件について質問した。答弁に立った警察庁の小島裕史官房審議官は「青森県警が木造船内の確認や周辺地域の捜索を予断を持たずに慎重に実施した結果、不審者は認められなかった」と答弁している。

本当に捜索をやったのだろうか。佐井村は山手線の内側の面積の倍の広さに人口わずか二千人という村である。大阪富田林署から拘留中に逃げ出した犯人を警察は何千人も動員して探しながら、長期間見つけられなかったのだ。もし上陸地点で手引きした人間がいたりしたらすぐに移動しているはずで、気づくこと自体がほとんど不可能だろう。ちなみに青森県警の職員は全部で二千七百人である。

佐井村の漂着船と同じ平成二十九年十一月下旬に有人の船が着岸した秋田県由利本荘市、北海道松前町はどちらも人間が上陸した後に存在が明らかになった。佐井村の船で「不審者は認められなかった」というのは不審者がいなかったのではなく「見つけられなかった」と考えてもいいのではないか。

もう一つ、問題の革靴に関する情報は、警察・海上保安庁が捜査を終えて自治体に引き渡される時点ではどこかに消えてしまっている。佐井村役場が受けとった船の情報の中には革靴の記述はなかった。

これが明らかになったのは、マスコミの報道によってである。このあたりも事実を隠蔽して問題がなかったかのようにしようとする意図が感じられる。本当に問題がないのならいいのだが、隠していればまた次の被害が出る。後に述べる拉致問題のように。

写真22｜青森県佐井村に流れ着いたヤグラが残ったままの船／提供・佐井村役場

「漁業中の事故」では説明不能な事態

大量の漂着が何に起因するのかについては諸説ある。たとえば純粋な漁業中の遭難としては、

①過度のノルマを課された漁民の無謀な操業による遭難
②一攫千金の現金収入を狙って無理な操業をしたことによる遭難

の二つが考えられる。漂着の状況から考えれば、それが大半かもしれない。

しかし、それだけでは秋田県由利本荘市や北海道松前小島、そして青森県佐井村の漂着船についての説明はつかない。また漂着船の激増は北朝鮮がミサイル発射を中止したのとほぼ軌を一にして始まっている。偶然の一致かもしれないが、少なくとも何らかの意図を疑ってみる必要はあるのではないか。

由利本荘と松前小島の船は明らかに日本を目指してやってきている。また前述のよう

に青森県佐井村の船は乗組員をどこかに上陸させている。その他の船でもヤグラが残っていたものは間違いなく大時化には遭っていない。この点は後で述べる平成二十七年（二〇一五）一月九日に石川県志賀町に男性一人が乗って着岸した木造船も同様である。

もし、北朝鮮が意図的に人間を送り込んだとすれば、それは明らかに国家目標「南朝鮮赤化統一」のための動きの一部分である。

金正恩《キムジョンウン》の祖父・金日成《キムイルソン》は朝鮮戦争開戦にあたって、二つの錯誤を犯した。一つは南に行けば南の人民が呼応すると思ったこと。そして、もう一つが米国は参戦しないと判断したことである。

米国が韓国を見捨てるという前提で、金日成はスターリンと毛沢東に了解をもらい朝鮮戦争を始めた。その結果が三年後、戦争当初の北緯三十八度線とほとんど変わらない現在の休戦ラインでの休戦である。そして当時、米軍は大部分が日本からやってきた。以来、北朝鮮にとって、戦争のときに在日米軍の足を止めることは絶対に必要な条件となった。そしてそのために北朝鮮は日本国内に工作拠点を作っていった。特定失踪者の消息が消えた場所で在日米軍施設に近いところが何か所もあるのはたんなる偶然ではないと思う。いざというときに在日米軍や自衛隊の施設を攻撃し米軍の動きを遅らせる、また都市でのテロを行なうことで日本の世論を分断し、米軍への協力を少しでも抑える。一分一秒の差が勝敗を決するのだから、それは当然ともいえるだろう。

だとすると、ミサイル発射がストップしたことと漂着船が急増したことに相関関係はないのだろうか。考えすぎならそれに越したことはない。しかし少なくとも、軍事行動以前の「海賊」ともいえる行為なら今後もいくらでも起こりうる。松前小島は物的被害だった。次に人命被害が出ないと誰が断言できるのだろう。

第2章 見過ごされてきた危機

前に述べたように、漂着船の問題がクローズアップされるのは平成二十九年（二〇一七）十一月下旬であり、以下の、平成二十八年（二〇一六）以前の着岸漂流は前にあげた平成二十九〜三十年の資料に比べればさらに氷山の一角でしかないのだが、あらためて考え直すと、平成二十八年以前に起きてきたこともじつはさまざまな問題を抱えていたことがわかる。

危機はいまに始まったことではなく、私たち自身が見過ごしていただけということだ。平成二十八年まで何が起きてきたのか、わかっているものからその一部を見てみよう。

初の亡命「ズ・ダン号」事件

昭和六十二年（一九八七）一月二十日、北朝鮮の漁業資源監視船「ズ・ダン9082号」（約五十トン・鉄鋼船）が福井沖にやってきた。乗っていた男女十一名は亡命を希望した。日本政府は直接韓国に送ると北朝鮮を刺激するということで台湾経由にして韓国に送った。当時はまだ台湾と韓国は国交があった。この事件は表に出ているかぎり戦後最初の北朝鮮から日本への亡命だったのではないか。

平成二年（一九九〇）十月二十八日、福井県美浜町の久々子《くぐし》海岸にベニヤ板製の船（長さ八・三メートル、幅二・五メートル）が打ち上げられ、船底からビニール袋に密封された乱数表二枚と換字表一枚、日本製とみられる白紙の手帳が見つかった。

工作員の密出入国はそれだけで何冊も本が書けるほど頻繁に行なわれてきたが、船が漂着したのは公《おおやけ》になっているかぎり、これだけである。

船は工作子船（上陸地点の沖合まで母船に搭載されていく漁船を偽装した小舟）であり、近年漂着している平底木造船とはまったく別のものである。このときは上陸用の水中スクーターも見つかっている。

その後、十一月二日に一体、十一日に一体、この沖合や海岸で計二体の二十〜四十代の男性の遺体が発見された。おそらくは、工作員が荒天のため上陸に失敗したものと思われる。

ちなみにこの二十七年前、昭和三十八年（一九六三）にも秋田県能代《のしろ》市の海岸に工作員の遺体二体と水中スクーターが打ち上げられている（能代事件）。

平成十年（一九九八）十二月二日と十六日には島根県の隠岐《おき》の島でそれぞれ一体、男性の遺体が見つかっている。十六日の遺体は北朝鮮軍の軍服を着ていたという。

十年ほど前、隠岐の島に行ったとき、こんな話を聞いた。かつて映画の『獄門島』のロケを行なったとき、断崖絶壁から人が落ちるシーンで落とした人形を拾い上げるためにダイバーが潜った際に軍服を着た男性の遺体を拾い上げた、という話である。『獄門島』の封切りは昭和五十二年（一九七七）だから、また別の遺体ということになるが、映画より怖い話だ。

隠岐の島では本書のリストに載っていない北朝鮮船の漂着もある。ずいぶん前に島根の友人から海岸に打ち上げられた木造船の写真をもらったのだが、これなどいつ漂着したのかもわからない。あらためて考えると、こんな船は日本中に山ほど漂着しているのだろうと思う。

島根県の浜田市では、同じ平成十年十二月十六日に女性の遺体一体が見つかっている。女性の遺体は珍しいが、この五日後、十二月二十一日に石川県河北郡七塚町（現かほく市）遠塚《とおづか》海岸に打ち上げられた遺体は女性兵士で、労働党候補党員証を身に着けていたという。

日本への「威嚇」で死体を漂着させた？

本書で論じているのは主に北朝鮮漁船の遭難漂着と、それを偽装した上陸である。そしていうまでもなく、北朝鮮からは工作船による侵入がある。そこにもう一つ、確証はないのだがひょっとしたら、と思うのが「威嚇」のための漂着である。

平成十年（一九九八）十二月二十五日、福井県大飯《おおい》郡高浜町和田海岸に丸太組みのいかだとロープでつながれた男性遺体三体が漂着した。三人は軍服姿で腐乱し、一部は白骨化、死後一〜三か月。年齢は三十〜五十代、身長百六十〜七十センチで胴体と足に直径約二十センチの球形ブイ数個が付いていたという。

現物の写真を見ていないのでわからないが、いくら北朝鮮でも丸太組みのいかだで海に漁に出ることはありえない。ひょっとしたら、何か意図があっていかだと死体を海岸近くまで持ってきて流したのではないだろうか。

遺体など、二十万人が収容されているといわれる北朝鮮の政治犯収容所に行けばいくらでもある。安全基準を無視した工事に動員されて事故死する人も後を絶たない。そもそも必要なら遺体を「作る」ことすらやりかねないのが北朝鮮という国である。

ちなみに、ここから大飯原発まで直線距離で十キロ弱、至近距離である。軍服を着せた遺体を流していて、水面下のルートで何らかの脅迫を日本政府に行なった可能性は捨てきれない。さらに約ひと月後の平成十一年（一九九九）一月二十二日には、鳥取砂丘に北朝鮮軍兵士と思われる遺体一体が漂着している。

きわめて稀だが、遭難した船が記録を残したケースもある。平成十一年（一九九九）一月十四日に福井県三方《みかた》郡三方町（現在は三方上中郡若狭町）に、人民軍上佐（大佐と中佐のあいだ）の階級章を付けた遺体一体が漂着している。

遺体には「私たちの船は朝鮮人民軍26局4地区副業船、船籍は元山市《ウォンサン》」「昨年十一月に兵士ら十五人が乗船して出港したが機関故障で冠水、漂流した」と書かれたメモや航行に関する書類があった。こちらはわざわざ記録を残しているのだから「威嚇」ではないと思うが、海上保安庁や警察が重要な情報を知っているから隠している可能性はある。

平成十三年（二〇〇一）十二月十六日には新潟県西蒲原郡岩室村（現在新潟市西蒲区）の

間瀬海岸に三十〜六十歳の男性の遺体が漂着した。一部は白骨化しており着衣は紺のランニングシャツと緑色のパンツだった。死後二〜三か月経過しており数百メートル離れた場所に男性の北朝鮮公民証があった。

また同じ月、佐渡市鷲崎《わしざき》海岸にハングルで「洪原《ホンウォン》」と書かれた木造船と遺体一体が漂着した。洪原は北朝鮮の東海岸、日本海に面した港町の地名だ。この遺体については日本赤十字からの照会に対して北朝鮮赤十字から「一九五五年生まれで昨年十月八日漁に出たまま行方不明になった」との回答があった。その後どうなったかわからないが、この頃は遺骨を朝鮮総聯が引き取ったりもしていた。

平成十四年（二〇〇二）一月四日、森喜朗元総理の地元、石川県能美《のみ》郡根上《ねあがり》町（現能美市）のグリーンビーチに長さ約六メートルの木造船が漂着する。巻末の資料に記載されたものは一部に過ぎないが、木造漁船の漂着が本格化するのはこの頃からではないだろうか。

翌五日には同じ石川県の能登半島中部、羽咋《はくい》市一ノ宮海岸にほぼ同じ大きさの木造船が、九日には羽咋より少し南、河北郡宇ノ気《うのけ》町（現かほく市）の大崎海岸に長さ約三メートル、幅約一・五メートルの小さい木造船が漂着した。羽咋と宇ノ気の船にはハングルの記載があった。

一月十一日、羽咋市大川町の釜屋海岸、五日の木造船が漂着した南約五百メートルのところに長さ約五・九メートル、幅約一・五メートルの鉄製船が漂着。

石川への漂着はさらに続く。三月十九日、輪島市小池町の海岸に長さ六・五メートル、幅二・五メートルの木造船が漂着。後部に発動機がついており船首部分の内側にハングルが書かれたプレートが着いていた。

十二月二十八日には河北郡内灘町の海岸に身長約百六十二センチ、二十~五十歳とみられる死後一~六か月の男性の遺体が漂着した。衣服には金日成バッジを付けていた。

平成二十九年（二〇一七）から三十年にかけての漂着も石川県は非常に多いが、これはおそらく海流の関係だろう。

この平成十四年は北海道にも漂着船があった。四月十一日、爾志《にし》郡熊石町（現二海《ふたみ》郡八雲町）の見日《けんにち》海岸に長さ約六・七メートル、幅約一・五メートルの木造船が漂着。船尾にスクリューがあったが、さびて動かずエンジンも付いていなかった。

平成十五年（二〇〇三）一月十日には新潟県粟島《あわしま》（岩船郡粟島浦村）釜谷の消波ブロックに長さ約九メートル、幅約二メートル、船首部分に漁網の付いた木造船と、頭部が白骨化し、黒の長袖シャツと黒の靴下を着けた身長約百七十センチの男性の遺体が漂着した。

約二か月後の三月五日には同じ新潟の柏崎市の海岸に、二十〜四十歳の男性の下半身が漂着した。茶色の作業ズボンと青色のももひき、黒色半ズボンと記録にあるから、おそらく何枚も重ね着したのだろう。ズボンには北朝鮮の紙幣が入っていた。死後半年前後経過しており身長は百六十五センチ程度と推測された。

新潟には翌平成十六年（二〇〇四）十二月二日、佐渡に男性の遺体一体が漂着している。年齢は四十〜六十歳、身長百五十二センチ、カーキ色軍服様の長袖シャツ、グレーのハイネックセーター、青色の長袖シャツを着ており、茶色いベルトを付けていた。

新潟への漂着は、本土なら柏崎か山形県境、そして佐渡に集中している。前にも書いたように、漂着現場は工作員の上陸・脱出地点とかなり重なっている。やはり潮の流れなどで着きやすい場所を使うということだろう。

平成十八年（二〇〇六）一月四日、場所は不明だが京都府の舞鶴海上保安部管内に木造船一隻が漂着した。この月、鳥取県には二十四日に西伯《さいはく》郡大山町、翌二十五日に鳥取市の伏野海岸に木造船が漂着している。新聞によれば鳥取市の海岸の漂着船は長さ五・六五メートル、幅一・四メートルと記載されている。一月三十日には京都府京丹後市久美浜町箱石海岸に木造船が漂着。

現実には、もっとあったろう。しかし、私自身だいぶ前から「日本海側に年間数十隻の木造船が漂着している」とは聞いていたのに、危機意識を持ったのは最近である。おそらく、地元で処理して東京に上げなかったケースも相当あったと思う。それでもこの時期は、現在より少なかっただろう。であれば逆に「漂着が増えたのには増えた理由があるということだ。

深浦の四人

平成十九年（二〇〇七）六月二日午前四時頃、青森県の西岸、西津軽郡深浦町の港に北朝鮮からの木造船がやってきた。「やってきた」というのは、これが漂着ではなく明らかに日本を目指してやってきた船だったからだ。

新聞記事によれば、この船の到着の経緯は次のようなものだ。

六月二日午前四時頃、深浦から十キロあまり北の風合瀬《かそせ》漁港にこの船はやってきた。目撃した遊漁船の客が一一〇番するが、船は再び海上に出る。

四時四十五分頃、青森県警が深浦漁港に「不審船が南下中」と連絡。六時頃に漁船が深浦港約三百メートル沖でこの船を発見した。六時半頃深浦港に県警のヘリが到着し、小型船を港に誘導。七時過ぎに深浦港に着岸し、乗っていた四人を県警が保護した。四人は八時半頃ワゴン車で鰺ヶ沢《あじがさわ》署に送られ、その後、五所川原《ごしょがわら》署に移された。船は九時頃港に陸揚げされ、十時二十分から鰺ヶ沢署で実況見分が行なわれた。

この船に乗っていた四人のうちの一人は六十代の女性だった。当時の新聞の記事だと船の大きさは長さ七・三メートル、幅一・八メートル、高さ一メートルとなっている（写真23・24）。

見てわかるようにスクリューも鉄板を曲げたようなちゃちなものだった。

二枚の写真は三か月あまり経過した九月六日に、海上保安庁が行なった実験のとき救う会秋田が撮影したものである。海上保安庁はこの船を修理して秋田港に浮かべ、レーダーに映るかどうかの試験を行なった。

その結果は明らかにされていないが、おそらくは映らなかったのだろう。

四人の証言では五月二十七日に北朝鮮の清津を出発して青森に着いたとのことだが、この証言はきわめて疑わしい。秋田港を出ることすら難しいような平底の木造船が清津から深浦まで八百五十キロ、日本海を渡ってやってくることが可能なのかということだ。船室があるわけでもなく、日差しも雨も除けようのない、遊園地の手こぎボートに毛の生えたような船である（いや、平底でないだけ遊園地のボートのほうがましかもしれない）。

写真23｜青森県深浦町にやってきた船（秋田港）

写真24｜船体後尾には頼りなげなスクリューが付いている

仮に本当に北朝鮮から直接この船でやってきたとしたら、北朝鮮を脱出するときの緊張感もあったろうし、雨も直射日光も避けられず疲労困憊していたはずだ。しかし六十代の女性も含め四人はきわめて元気で、服装もあまり汚れていなかったという。常識的に考えれば海岸近くまで母船に搭載されて海に降ろされたという可能性が高いのではないか。

海上保安庁は本人たちの証言に矛盾はないと言っている。「母船で近海まできた」という私の見解に対し、担当者からは直接否定もされた。

しかし、もしそうであれば、六十代の女性ですらこんな船に乗って日本にやってこられるということになる。さらに問題は深刻だ。それだけで沿岸警備の体制を抜本的に強化しなければならないはずなのだ。

しかし、そのような形跡はまったくなく、逆に政府はこの事件の情報が少しでも表に出ないように必死になっているように見える。四人はマスコミから徹底して遮断され、船はいつの間にか処分されてしまった。

この事件について報道されたこと（事実かどうかはいったん保留して）をまとめてみると、以下のようなことになる。

①四人は家族。五十代後半で元漁師の父、六十代前半の母、三十代の専門学校生の長男、二十代後半でイカ漁の漁師という次男。

②次男は○・六八五グラムの麻薬を持っていた。
③「はじめは韓国へ行く予定だったが、軍事境界線の警備が厳しいので、日本に向かった」と供述。
④北朝鮮当局に捕まったときに飲むためのアンプル入りの毒物を持っていた。
⑤日本語で「新潟はどっちか」と聞いた（これはおそらく、若干日本語の話せる父親と思われる）。県警の取り調べにも「万景峰号が行き来する新潟を目指した」と話している。
⑥本人たちは「自由を求めてやってきた。北朝鮮には人権がない。生活は苦しく、一日おきくらいにパンを食べるのがやっとだった」と言っていた。
⑦船には予備のエンジンを積んでいた。本人の証言では北朝鮮を出るときには二百リットルの軽油を積んでいた。
⑧四人とも腕時計を持っていた。また所持品の中にはラジオがあった。

⑥と⑦、⑧は明らかに矛盾する。北朝鮮で貧しい生活をしている漁師の一家が、これだけのものを持って、高い燃料を買って予備のエンジンまで積んで日本にやってこられるはずはない。

本人が嘘をついているか、報道されている（つまり当局が発表した）内容が嘘だということだ。誰もそれを質すことのできないままに、四人は韓国に送られてしまった。

残されていた「テントとフォーク」

平成二十年（二〇〇八）一月十日、福井市の西二ツ屋《にしふたつや》町海岸に長さ約六メートル、幅約一・五メートルの木造船が漂着した。船の船尾には船外機があり、船首にハングルが彫られていた。

海岸線が四一五・一キロと長大なのに福井の海岸への漂着は少ない。一つは海流の流れによるものだろう。その割に工作事案が多いのは、この地域に侵入しやすい要因（固定スパイ、協力者など）があるからだと思われる。

その年の三月二十六日、秋田県男鹿市北浦入道崎海岸に長さ約五・八メートル、幅約一・四メートルの木造船が漂着。側面や船尾にハングルが書かれていた。その後もそうだが、秋田とりわけ男鹿は（福井と異なり）海流の関係か非常に漂着船の多いところである。

平成二十三年（二〇一一）九月、石川県輪島市の沖合で木造船に乗った脱北者九人を海上保安庁が救助し、後に韓国に移送している。これについては詳しいことはわからない。輪島市の沖合となると北朝鮮のイカ釣り漁船が押し寄せて問題になっている大和堆のあたりかもしれないが、だとすると脱北というのも不思議な話ではある。

先ほど「福井県には漂着が少ない」と書いたが、この年九月二十六日には三方郡美浜町の関電美浜原発敷地内の岩場に木造船の一部が漂着している。日本海側には多数の原発があるが、その警備は十分とはいえない。

そもそも安全保障上から考えれば、日本海側に原発を設置するのが警備上のリスクをともなうことは明らかだ。私自身は原発推進の立場である。景観を破壊するソーラーパネルや不快な音を立てる風力発電プラントをこれ以上増やすべきではないと思うが、それにしても、安全保障面から原発の警備にはもっと神経を使う必要があるのではないか。

巻末のリストで平成二八年（二〇一六）以前は、とりあえずわかったもののみを掲載している。平成二十九年、三十年のものもすべてを網羅しているわけではないが、それ以前は本当に氷山の一角であることをあらためて強調しておきたい。そのうえでだが、平成二十四年（二〇一二）には島根県隠岐の島での漂着が多数記録されている。

隠岐の島は意外に知られていないが一つの島ではない。地図を見ればわかるように知夫里《ちぶり》島（知夫村）、中ノ島（海士町《あま》）、西ノ島（西ノ島町）などをあわせた島前《どうぜん》と、島後《どうご》水道を隔てた島後（隠岐の島町）一島から構成されている。

この島後、隠岐の島町の那久岬沖で生存者三人と遺体一体の乗った木造船が発見されたのは平成二十四年一月六日である。このときは北朝鮮に戻る意志が明確だったのだと思うが、生存者は一月九日、北朝鮮側に引き渡されている。

さらに一月十九日と二月二十二日には同じく隠岐の島町に、二月二十七日は海士町（中ノ島）に、四月四日には再び隠岐の島町に木造船が漂着している。

隠岐の島は工作員の出入りにも頻繁に使われたことが推定されており、海岸のキャンプ場で北朝鮮工作員の乱数表、無線機、テントなどが発見された事件もあった。

そのことについて、平成二十二年（二〇一〇）六月十四日、島根県議会本会議で島根の拉致議連の会長である小沢秀多議員が質問したところ、当時の高瀬隆之・県警本部長は次のように答弁している。

「御指摘の事案は、一九八〇年、昭和五十五年二月、明屋海岸のキャンプ場にキャンプ用具などが放置されているという通報を浦郷警察署にいただきまして、事件事故の両面から周辺の聞き込みや捜索活動を行なったものでございます。その結果、キャンプ用具等の所有者等について判明しなかったほか、以降、事案の解明につながるような事実の把握には至っていないという現状でございます。なお、当時発見をされました物は、テント類及びフォーク等などの日用品でございまして、議員がいま御指摘になられましたような乱数表とか、あるいは無線機などは発見はされておりません」

この答弁は嘘である。地元の人は当時乱数表や無線機が見つかったということで警察が住民に聞き込みを行なったのを記憶している。

「フォーク」といえばキャンプの忘れ物のような印象を与えるが、二月の隠岐は風も強く非常に寒い。キャンプをする人間などいない。まあ、いるとしたら北朝鮮の工作員くらいだろう。問題をごまかすためにこういう言葉を入れるセンス（?）はたいしたものだと思う。起きた事件も怖いが、それより隠していることのほうがもっと怖い。

公開情報からわかる「事件」

もう一つ、以下は官報などの公開情報である。平成二十五年（二〇一三）に起きた多数の男性の遺体の漂着である。

①二月五日　鳥取県鳥取市白兎海岸　男性
②二月二十三日　鳥取県鳥取市鳥取砂丘　年齢二十五歳前後〜五十歳前後の男性。身長約百七十八センチ、遺留品は中国語表記のドライスーツ、ジャンパー、長袖シャツ二着、半袖Tシャツ、ズボン、ウインドブレーカーズボン、股引、ブリーフ、靴下、手袋、筒、写真（金日成、金正日A4判版各一枚）、スパナ、ライター、煙草
③三月六日　島根県江津市黒松町　推定年齢三十歳代〜五十歳代の男性。身長約一七十一センチ、遺留品は、緊急用救命衣（エンジ色）、作業衣（茶色）、セーター（黒色）、スウエット（紺色）、ブロック柄長袖シャツ、白色肌着、茶色作業ズボン、スウェットズボン（紺色）、ブロック柄ももひき、縦縞柄トランクス、黒色靴下、紺色靴下、赤色筒（写真金

日成、金正日各一枚在中）

④四月二十七日　島根県松江市秋鹿町《あいかまち》　年齢不詳、身長百六十七センチの男性。着衣及び所持品はオレンジ色ドライスーツ、黒色ジャンパー、黒色ベスト、灰色セーター、紺色長袖Tシャツ、白色肌着、薄紫色作業ズボン、灰色股引、紺色股引、紫色パンツ、靴下二双（重ね履き）、紺色スニーカー、赤色鉄製の筒（金正日、金日成の肖像画入り）、軍手一双、携帯電話、鍵束、ガム、タバコ、ライター、現金三万八千ウォン。

⑤四月二十七日　新潟県糸魚川市田海　年齢不詳、身長百五十センチ程度の年齢不詳男性。一部白骨化、衣服の左胸に北朝鮮の金日成主席と金正日総書記が描かれたバッジ、死後数か月と推定、オレンジ色の救命胴衣のようなものを装着し、その下に灰色の服を着用

⑥四月二十八日　秋田県男鹿市沖　男性

⑦五月十三日　胎内市　男性

⑧五月二十一日　青森県深浦町大字北金ヶ沢　年齢不詳、身長百六十センチ位、体格中肉の男性、顔が白骨化、船舶の救命衣様ピンク色スーツ、紺色ジャンパー、紺色長袖ワイシャツ、灰色長袖トレーナー、灰色長袖Tシャツ、紺色ズボン、灰色ズボン、ベー

ジュ色スウェットズボン、黒色ブリーフ、黒色靴下一足、黒短靴一足。所持金は、北朝鮮ウォンと推定される紙幣三十枚、十ドル紙幣五枚、百ドル紙幣一枚、死因不詳

⑨七月二十三日　島根県西ノ島町（隠岐）　二十歳～五十歳代、身長百八十センチ位、性別男性。着衣は長袖シャツ、黒色トレーナー、下着、毛糸帽子、靴、ズボンベルト付き、ジャンパー、ドライスーツ（背中に「02 TAEGAKBONG NAMPHO」と記載）等、遺留品は腕時計、ライター、鍵束、無線機様のもの、金属筒（中には北朝鮮の故主席の肖像画二枚）、死亡時期は平成二十四年十二月頃と推定

官報への公告の仕方は自治体によって異なるのでそれぞれの遺体の記述も異なるが、これらはみな平成二十四年（二〇一二）十二月に沈没した北朝鮮貨物船大角峰（TAEGAKBONG・テガクボン）号の乗組員と思われる。大角峰号についてはロシアの海事ニュースサイト「マリタイム・ブルティン」の同年十二月十七日付ニュースに次のように載っている。

《北朝鮮の貨物船大角峰号放棄される　船と乗組員の消息なし

北朝鮮の一般貨物船大角峰号が9月12日、北緯41度29分、東経１３１度2分、日本

海の北朝鮮海岸から50マイルの地点で遭難信号を発した。機関故障と全面的電源喪失によって航行不能になった船は漂流した。ウラジオストックMRCC（海事救援調整センター）は情報を北朝鮮当局に伝えた。12月15日の船員への通知によれば24人の乗組員は救命いかだで船を離れた。それ以外の乗組員や船に関する情報はない。

一般貨物船大角峰　船舶識別番号8729884、積載貨物重量トン数9854、1983年建造、船籍北朝鮮、船主大角峰海運（平壌）》

機関故障と電源喪失で漂流したとのことだが、場所から考えて座礁したわけでもない六千六百トン（排水量）の貨物船が、機関が止まっただけで沈むのだろうか。しかも北朝鮮のEEZ（排他的経済水域）の中である。曳航《えいこう》するなり何なり方法はあったろうし、沈んでいないのなら乗組員も冬の日本海に救命いかだでさまようほうがよほど危険だろう。この船については謎が残る。

漂着した遺体はみなドライスーツ（イマーションスーツといわれる救命用の保温スーツ）を着ており、遺留品の金属製の筒には金日成・金正日の肖像画があった。指導者の肖像画は北朝鮮では特別な意味があり、何をおいても大事にしなければならないものである。私の大学の研究室に届く労働党機関紙『労働新聞』も金正恩の写真がある場合は顔に折り目がこないように折り方を変えてある。

しかし、みながドライスーツを着て金属筒を持っていたのは秩序だった下船ができたということでもあり、沈没しそうになって緊急に下船したわけではないのだろう。

また、北朝鮮人としては目の玉の飛び出るような高額なドル紙幣を持っていた人間がいることや、通常の北朝鮮人よりはるかに背の高い百七十八センチとか百八十センチの身長の人間もいたことも気になる。

当時すでに経済制裁が行なわれており、北朝鮮船舶は日本の港に入港できなかった。大角峰号はたとえばミサイルとか核技術に関するものとか通常兵器とか、ともかく表に出せないものを積んでいたのではないだろうか。そして、それに係わる特殊な要員が船に乗っていた。それが機関故障を起こしてしまい漂流したので、他国の領海に入って臨検でもされたら大変なことになると考え自沈させた。自沈させたので乗組員はドライスーツを着て肖像画を大事に筒に入れて船を離脱する余裕があったとは考えられないだろうか。もちろん想像の範囲を超えるものではないが。

秘密の情報ではない、公開情報からでもこんなことがわかるのである。

佐渡に集中した漂着

平成二十五（二〇一三）年十一月二十八日には佐渡島の西側、真野湾に面する大小海岸に長さ約十二・八メートル、幅約三・四メートルの木造船が漂着した。船内から遺体が五体見つかっている。漂着した場所は拉致被害者、曽我ひとみさんのお宅にも近いところである。

十二・八メートルというのは、この種の木造船の中では大型の部類に属する。エンジンも残っていて、船首にはハングルが書かれ、船内には捕った魚を保管するスペースがあった。船内からは長靴が見つかっている。遺体は雨具とみられるビニール製のズボンを履き、死後推定二～三か月、一部白骨化しており長時間海水に漬かっていた形跡がある。

その中の一人は推定年齢三十～四十歳代前後、身長約百七十センチ、長袖灰色シャツ、紫色ハイネックセーター、赤色半袖Tシャツ、下衣は紺色ナイロン製ズボン、灰色ズボン、水色スウェットズボン、黒色ボクサーパンツ、黒色靴下を履いており紳士用黒色デジタル腕時計着用と記録にある。

その三日後、十二月一日には同じ佐渡市の東南部、大小海岸の反対側で本土の対岸になる赤泊《あかどまり》杉野浦の海上に長さ約十メートルの木造船が漂流していた。船内から四十〜五十歳前後の男性の遺体が発見された。死後一〜二か月が経過しており胃の中に食べ物はなく、遺体は屍蠟《しろう》化していた。屍蠟化とは遺体が水に浸かるなどして外気に触れず腐敗しない状態で変化して石鹼のようになり、やがて石膏のようになっていく現象である。時期的に考えると遭難して水が船内に入り低体温症で死亡、その後水に浸かったまま漂流して屍蠟化したのだろう。

この遺体の身長は約百六十七センチ、着衣は緑色ニット帽、紺色フード付長袖ジャンパー、黒色長袖作業着、紺色ベスト、胸に鷲マーク入り紺色長袖トレーナー、紺色ランニングシャツ、下衣は灰色防寒ズボン、ホック式ベルト、紺色ビニール製ズボン、こげ茶色股引、緑色ブリーフパンツ、両足に白色と小豆色の格子柄靴下、ゴム製長靴（サイズ二十五・〇センチ、上部中央にハングル）であった。

漂着遺体について、新聞記事には遺体の処置について書いてあるものと書かれていないものがあるが、前にも書いたように一般的には自治体が火葬に付し、遺骨は地元のお寺がボランティアで引き取って供養している例が多い。

かつては赤十字を通じて照会すると北朝鮮側が引き取りの意志を示し、朝鮮総聯を通じて北朝鮮に返したケースもあったらしいが、いまは遺体についてはまったく何もしていない。

なお、佐渡では同じ平成二十五年十二月一日、赤泊杉野浦のちょうど正反対の北端に近い北鵜島《きたうしま》の海岸に木造船の一部（右舷部分とみられる長さ約四メートルの木片船首付近にハングルと数字）が漂着している。

平成二十五年（二〇一三）十一月十五日には佐渡島の西岸、姫津《ひめづ》沖約五・五キロの地点に船尾が水没し、操舵室上部に赤い塗料でハングルが書かれた木造船の漂流していることが発見された。船内にはジャンパーのような衣類があった。

佐渡は海流の関係と海岸線が非常に長い地形のためか、昔から工作員の密出入国が多く、昭和四十七年（一九七二）の宿根木《しゅくねぎ》事件では逮捕者も出ている。漂着船も多い。曽我ひとみさん・ミヨシさん母子が拉致されたのも佐渡だし、特定失踪者家族会会長・大澤昭一さんの弟で県庁職員・農業土木の技術者だった大澤孝司さんが失踪したのも佐渡である。

それでも人口六万弱の島だから、行政機関も警察も一応のものは揃っている（もっとも海上保安庁の要員は二十人にも満たないそうだが）。

しかし、これが人口希少な離島だとまったく対応ができなくなる。この年十二月十八日には新潟県の粟島に長さ約十二メートル、幅約三・五メートルの大型の木造船が漂着した。船首にはハングルが書かれ船内から身長約百七十五センチ、防寒ジャンパーを着用し死後数週間経った遺体やイカ釣り漁の針、「朝鮮平壌」と書かれた箸が見つかっている。

粟島の人口は約三百五十人。警察官は常駐していなかったのだが、平成二十九年（二〇一七）の漂着船激増によって臨時に二名派遣された。それでも十一月の北海道・松前小島のように十人も生きた人間が上陸すればお手上げだろう。

生存者は何を語っているのか

新潟県では、佐渡が多いのだが、本土側でも漂着は起きている。平成二十五年（二〇一三）十二月二十八日には、長岡市の寺泊《てらどまりの》野積《づみ》海岸に長さ八・二五メートル、幅二メートルの木造船が漂着した。

翌二十九日には柏崎市の西山町石地《いしじ》海岸に長さ六・六メートル、幅一・七メートルの木造船が漂着している。どちらも船首に数字やハングルが記載されていた。

漂流していた北朝鮮船の乗組員を救助するケースもある。平成二十六年（二〇一四）八月には、石川県珠洲《すず》市の沖合で漂流していた北朝鮮船の乗組員四人を海保が救助、後に大連経由で帰国させた。

海保は翌平成二十七年（二〇一五）にも一人、二十九年には三件二十四人を海上で救助している。平成二十九年はこれ以外に上陸した由利本荘八人と松前小島十人がおり、合計で海上保安庁の発表では五件四十二人となっている（前に述べたように由利本荘はもっといた可能性もあるし、佐井村の木造船からも上陸しているはずだが）。

遺体の漂着も処理は大変だと思うが、生きている人間の場合も別の意味で大変だ。

平成二十七年のケースは一月二日に能登半島西岸の中部に一人が乗船した木造船が漂着したものだ。石川県羽咋郡志賀町安部屋漁港北四百メートルのところである。

生存者の男性は自称六十一歳で服などが入っている透明ビニール袋を所持していた。自分一人できたと言っていたというが、この種の木造船を一人で操船してくることはできず、いわんや漁ができるはずはない。同乗していた他の人間は能登半島のどこかに上陸したのだろう。

この男性もやがて日本政府は帰国させている。おそらく厳格な聞き取りなどしていないはずだ。

平成二十七年七月二十三日には青森県下北郡佐井村矢越漁港に、十月二十七日には同じ佐井村の福浦漁港に、それぞれ木造船一隻が漂着し、福浦漁港に漂着した船からは遺体一体が発見された。

当時は私自身気づいていなかったのだが、この年の十一月にも漂着船は相次いでいた。十一月一日に秋田県山本郡三種《みたね》町沖で木造船漂流、二日、男鹿市に木造船が漂着。六日、北海道松前町沖で木造船が漂流、船内に遺体二体。十四日には、佐渡市岩首《いわくび》漁港沖で木造船が漂流。長さ約十三メートル、幅約三メートルの大型のもので　黒ずんだ船体にハングルが書かれていた。船内から上下黒の衣服を着用した遺体一体が発見された。船内には金正日バッジの入ったリュックサックもあった。

十九日、秋田県能代沖で木造船が漂流、船内から遺体二体を発見。

二十日、石川県輪島市沖で木造船三隻が漂流、船内から遺体十体発見。

二十二日、福井県越前町沖で木造船が漂流、最低でも七人とみられる遺体・遺骨が収容された。

同日、佐渡島沖で木造船が漂流、翌二十三日、石川県輪島市沖で木造船の一部が漂流。

十二月二日、青森県下北郡佐井村長後《ちょうご》牛滝《うしたき》漁港に木造船が漂着、遺体四体（海上保安庁の司法解剖結果で死後一～六か月経過）を発見。靴にはハングルが書かれていた。

同じ日、今度は兵庫県美方郡新温泉町沖で木造船の一部が漂流していた。

七日には、石川県金沢市沖で木造船が漂流。


平成二十八年（二〇一六）五月二十日、青森県下北郡風間浦《かざまうら》村桑畑漁港近くに長さ約六・七メートル、幅約一・五メートル、左舷船首部分にハングルの書かれた木造船が漂着。風間浦村は下北半島の形をマサカリになぞらえたとき、刃の部分を佐井村とすると、その上端にあたる。六月五日には風間浦村よりさらに東南のむつ市大畑町大畑漁港沖で全長約九メートル、幅約二・三メートルの木造船が漂流。船体には海藻が付着し、右舷船首部分にハングルが書かれていた。

さらに四か月後の十月十七日には、何度も出てくる青森県の日本海側、深浦町の沖合で木造船が発見され、五能線十二湖駅近くの岸壁に引航された。

翌十八日には、再び佐井村沖で長さ十二メートルの木造船が漂流していた。船内にはズック、手袋、靴下などがあった。

二十九日、佐井村牛滝漁港に長さ六・二メートル、幅二・五三メートルの木造船が漂着。さらに翌三十日には、今度は津軽半島の西岸、青森県つがる市七里長浜に、長さ一六・二メートル、幅四メートルの大型の木造船が漂着。船首に赤色数字が書かれており船内にロープや網があった。

十二月五日には、京都府舞鶴市に木造船が漂着した。船内には一部が白骨化した九体の遺体があったほか北朝鮮五千ウォン紙幣二枚、漁具などが残されていた。


この年、平成二十八年にはもう一つショッキングな出来事があった。七月十六日、山口県長門市の路上で北朝鮮人男性の身柄が確保されたのである。本人は「三日前に北朝鮮・清津市を出発し、十五日午後九時頃に知人の木造船で日本の海域に到達後、ポリタンクにつかまって海に飛び込み漂流。十六日午前六時頃に仙崎港に上陸した」と話したという。

しかし、地元山口の救う会・渡辺雅春副代表の話ではまったく状況は異なっている。まず上陸地点は仙崎ではなく本土と橋でつながった青海島《おおみ》（行政区域は長門市）の西南、通称「牛崎の鼻」という小さな岬の近くだった。牛崎の鼻は昭和五十七年（一九八二）、いまは私の友人でもある元北朝鮮工作員・李相哲氏（労働党作戦部戦闘員・仮名）が上陸したところであり、私自身これまで何度も訪れている。

男はそこからいったん北に行き、戻って青海大橋を渡って本土の仙崎のほうに向かったという。住民が何人も目撃しており、黒っぽい服装でびしょ濡れ、裸足で脇に何かを抱えていたそうだ。

さらに問題なのは、渡辺さんの話では、この男性以外に上陸した人間がいる可能性があるとのこと。そうだとすれば、他の人間は見つからずに上陸していまも日本にいるということになる。あるいは、この男性がおとりだった可能性もないとはいえない。由利本荘のケースと同じかもしれない。

政府はこの男性について一切情報を出していない。見つからず上陸した人間がいて、それがもし工作員だったらどうするのだろう。身柄を拘束された男は、長崎県大村市の入国管理センターに送られ、警察から外務省に至るまでさまざまな機関の人間が聞き取りをしたという。だから何がしかの重要人物ではあったのだろう。

そのような人物が「友だちの船でやってきて、ポリタンクを浮き輪代わりに飛び込んだ」という荒唐無稽な話は、逆にいえばじつはきわめて深刻な意味を含んでいるのではないかとも思うのである。

第3章
難民パニック

一九九〇年代はじめ、日本政府は北朝鮮有事あるいは体制崩壊によって最大三十万人の難民が出ることを想定し、準備を進めた。海岸近くのどの施設に難民を収容するかなどのシミュレーションも行なったという。当時ほとんど表には出なかったが、一部ではそれほど深刻に受けとめられたということだ。実際には北朝鮮の体制は維持されたが、それは核開発の進行と引き替えともいえるものだった。危機は何一つ回避されていないのである。

前にも書いたが、海はこれまで、日本にとって天然の城壁のように考えられていた。「海があるから日本は安全」という思い込みがあった。たしかに、近代まで海が侵略を抑止していたことは事実である。

しかし、北朝鮮の小型木造船が相次いで漂着し、一部には生存者が乗っており、無人でも船体に大した破損のない船が漂着しているのもまた事実なのである。小さな木造船でも日本海を乗り越えてやってくると証明されたということだ。北朝鮮は「海のはるか向こう」ではなく「向こう岸」であると認識しなければならない。

送り込もうとするのがコストをかけて養成した専門の工作員なら専用の輸送手段で送り込む必要があろうが、多少遭難しても、ある程度の歩留まりでいいのならば木造平底の漁船でも十分に可能である。木造船はレーダーには探知されないからステルス性（？）もある。特別な訓練等しなくても相当な数を発見されずに上陸させることが可能なはずだ。

さらに、もし上陸地点で受け入れる人間がいれば、短時間で容易に内陸部や太平洋側に送り込むこともできる。

「日本に行けばなんとかなる」

由利本荘と松前に着岸した北朝鮮船の乗組員はすでに北朝鮮に送還されている。彼らは当然、取り調べを受けたはずだ。「日本で何をされたか」「何を見たか」等々。

彼らは答えるだろう。「泥棒したのに拷問も受けませんでした」「三食ちゃんと食事を食べさせてくれました」「風呂に入れました」「暖かい部屋で眠れました」

聞いた取調官はこう言うだろう。「ここで話したことを誰にも言ってはいけない。話せば収容所送りか、場合によっては公開処刑される」と。

しかし家に帰って、彼は奥さんから聞かれるはずだ。

「ねえ、日本ってどんなところ？　拷問されて苦労したんでしょ。処刑とかされそうにならなかったの？」

「絶対に誰にも言うなよ。じつはなあ……」

奥さんは隣りの奥さんから、「ねえ、ご主人、日本で大変だったんでしょ」と聞かれて「絶対言っちゃだめよ。じつはね……」と言ってしまうはずだ。取調官も家族や親しい人間には話してしまうだろう。

かくて、その話は北朝鮮中に口コミで広がる。「日本に行けばなんとかなる」と。

そんな中で北朝鮮の体制に異変が起きたらどうなるか。何人もの脱北者が証言しているが、北朝鮮の人たちは官製メディアなどまったく信じていないから、事実がどうであろうと、たとえば「アメリカのミサイルが飛んでくる」「みな殺しになる」という噂が広がったら、それを避けるための選択肢の一つとして日本行きを考えないはずはない。

平成二十九年（二〇一七）十一月に板門店の共同警備区域を越えて亡命した北朝鮮の兵士はもともと運転兵で、後ろに乗せた将校同士が「米軍が攻めてきたら、みな命はない」と話しているのを聞いて、韓国側に逃げ込むことを決めたのだそうだ。北朝鮮側から撃たれて重傷を負ったが、撃たれることは最初から想定していたろう。それに比べれば、海ははるかに安全だ。だから海から次々と人がやってくる可能性はあるのだ。グーグルの衛星写真で清津の港を見ればわかる。あの木造船と思われる小舟が蝟集《いしゅう》している。あれがみな日本を目指したらどうなるか。

ちなみに加藤博・北朝鮮難民救援基金理事長が清津出身の脱北した元漁船員から聞いたところでは、清津の漁船員は能登半島に行く潮の流れを知っており、ＧＰＳや羅針盤がなくても石川、つまり能登半島には流れ着けるそうだ。あるいは志賀町のシャフトに布の詰まった漂着船もその実験だったのかもしれない。

前に述べたように冷戦の終結した四半世紀前、日本政府は最大三十万人の北朝鮮からの難民を想定していた。その十分の一の三万人が日本を目指し、うち三分の一が到達できたとして一万人である。

しかも、由利本荘や松前小島の乗組員と異なり、この人たちは「日本に残りたい」という意思表示をする可能性がある。拉致被害者なら当然だが、在日朝鮮人帰国者やその日本人家族、子孫など、すでに日本政府が受け入れている人々は日本で定住させる以外の選択肢はない。

平成二十九年（二〇一七）十一月、由利本荘市に八人が上陸した秋田県。前に述べたように、県警で韓国語のできる警察官は八人だったという。

しかも韓国語と朝鮮語はもとは同じ言葉だが、方言の違いに加え分断されて七十年あまり、いろいろな用語が変わってしまっている。たとえばヘリコプターは韓国だとそのまま「ヘリコプター」と外来語を使うが、北朝鮮では「チクスンギ（漢字で書けば「直昇機」）」になる。韓国でイカは「オジンオ」だが、これは北朝鮮ではタコを意味する言葉である。北朝鮮のイカは「ナクチ」、これは韓国ではタコのこと。だからときどき北朝鮮のイカ釣り漁船をタコ釣り漁船と間違えている場合がある。

北朝鮮北部は訛りがきつく、私も北部からの脱北者と話していて最初の一時間くらい、何を話しているのかほとんどわからなかったことがある。韓国語ができれば、あとは慣れの問題なのだが、北朝鮮の言葉に慣れた人間はおそらく秋田県警にはほとんどいないだろう。他の県警あるいは海上保安庁や入管も大同小異なはずだ。

そんな状態で、拉致被害者か在日の帰国者か、一般の北朝鮮人か、場合によってはそれに混じってやってきた中国の朝鮮族か、さらに武器や麻薬を持っているか、あるいは感染症にかかっていないかなど、上陸してから識別するのはきわめて難しい。

しかし秋田でも北海道でも、北朝鮮の人間がいるとわかったのは上陸した後である。

病気になっている人間がいれば治療しないわけにはいかないし、武器を持つ人間がいれば武装解除しなければならない。そして、ともかく寝る場所を準備して、いったんはそこから出ないよう警備をしなければならないのである。

そういう人間が一万人きたらどうなるか、想像を絶する状況になることだけは理解いただけるだろう。

日本でこれから起きること

以下は、平成二十九年（二〇一七）十一月二十四日に都内で開催された「『その後』を考える集い2」の資料として配付したもので、同年九月二十九日に開催された「『その後』を考える集い」の第一回、および十月二十八日に北朝鮮難民救援基金（加藤博理事長）が開催した「朝鮮有事事態と難民問題セミナー」の内容などをもとに関係者で議論を行ない、まとめたものである。若干加筆してあるが、ほとんどそのまま載せた。

この前日、由利本荘マリーナの八人（？）上陸事件があり、「『その後』を考える集い2」の中でも議論されているが、この資料には漂着船の激増のことは入っていない。また、冒頭「現状」の国際関係はその後良くも悪くも沈静化しているが問題が解決したわけではない。

しかし難民に関わるさまざまな問題は、おおむね集約されていると思う。この時点での資料ということで読んでみていただきたい。

現状

●米国の北朝鮮テロ支援国再指定、中国・宋濤《そうとう》特使に金正恩が面会しなかったこと、ミサイル発射の兆候など、すべてが「その後」に向かって動いている。

●四年前に途絶えた脱北者が今年一月からまた増えている。外貨稼ぎの労働者が期限がきてそのまま亡命する人もいる。

●中国の国境沿いの警備は厳しくなっており北朝鮮から中国に入るのも厳しくチェックされるが、五千ドル支払うなど金銭で解決できる例外もある。

●最近平壌に住む特権階層の脱北がみられる。北朝鮮にそのままいても地位が保証されるような人で脱北する人が増えている。

●最近の中朝国境に対する中国当局の貿易遮断と密輸禁止で北朝鮮が受けている衝撃は非常に大きい。また海外派遣労働者の新規追加ができなくなり、外貨収入源が大幅に遮断されている。これまでの経済制裁は中国・ロシアからの抜け道があったが今回はまったく異なる。

金正恩除去「その後」予想される事態と検討すべき問題点

●本年（平成二十九年）四月十七日の衆議院決算行政監視委員会での答弁の中で安倍総理は次のように語っている。

「わが国に避難民が流入するような場合の対応については、避難民の保護に続いて、上陸手続き、収容施設の設置及び運営、わが国が庇護すべき者に当たるか否かのスクリーニングといった一連の対応を想定しています。これらの対応を適切に行なうべく引き続き関係機関による緊密な連携を図って参ります」

選挙中の麻生副総理の「武装難民」発言なども含め、いくつかの省庁でこの問題が検討されているが、国民にはほとんど知らされない。パニックの防止など、ことの性質上やむを得ない面もあるが、少なくとも起こりうることの概要は明らかにして、国民も状況認識を共有する必要がある。

●単に被害者意識で後手後手の対処をするのではなく「その後」の北東アジア全体をどうしていくかの全体像、ビジョンを提示すべき。どういう形にしても朝鮮半島が安定化するには時間がかかる。

●難民対処は非常に大きなエネルギーを必要とするが、マイナスの面だけではなく、拉致被害者自身が帰国する可能性、また難民の中から拉致被害者に関する情報を得られる可能性がある。プラスの側面も重要視すべきである。

●起こりうるさまざまな事象は現在の縦割り行政では対応しきれない。たとえば拉致問題対策本部を「北朝鮮特殊事態対策本部」に改組拡大するなどして、権限を集中して政治主導で対応する必要がある。この事態を積極的にとらえ拉致被害者救出の最大かつ最後のチャンスと考えて対応する必要がある。

●実際の対応をするのは各自治体である。国からの押しつけでは負担しきれない部分が必ず出てくる。自治体の側から意見を反映できるようなシステムも必要ではないか。とりあえず自治体の対応能力についてアンケート調査を行ない、市区町村レベルで五十〜百人を受け入れなければならなくなったらどのように対応するか、何が必要かを調べたほうがよい。また、このプロジェクトとして知事会への申し入れ等自治体レベルの議論が行なわれるよう促す必要がある。

●日本の行なった難民対処の事例としてインドシナ難民の受け入れについての経験を生かすべき。当時は官民それぞれの立場で行なっている。

●日赤がどう対処するかも予め決めておく必要がある。もともと帰国（北送）運動も日赤が窓口だった。脱北帰国者の受け入れに何らかの関与は必要ではないか。

●当初から①日本にそのまま居住すべき人（拉致被害者及び現在の脱北帰国者受け入れ基準に該当する人）、②韓国に送る人（韓国の状況が安定していればだが）、③北朝鮮に返す人（これも北朝鮮の状況によるが）、④第三国に送る人、の基準を作っておくべきである。

短期中期長期それぞれに起きる可能性のある問題

※各項目の後のカッコの中は担当すると思われる省庁。実際の対応はかなりの部分は自治体の負担になると思われるし、調査会を含め民間団体も当然関与せざるを得ないが、

ここには中央省庁のみ記載している。

1 短期（日本への到着まで）

●北朝鮮船舶は古い木造船が多く、遭難の可能性が高い。少なくとも領海内に入れば放置することはできない。（海上保安庁・入管・警察）

●やってきた難民が拉致被害者なのか、その家族なのか、北送運動で渡った帰国者及びその家族なのか、一般北朝鮮人なのか、あるいは偽装した中国朝鮮族なのかなど最初の時点での迅速なスクリーニングが重要。（海上保安庁・入管・警察・自衛隊・外務省）

●九月二十九日に提示されたシミュレーション（「『その後』を考える集い」の第一回で発表したシミュレーション）はもっとも穏当なものだが、実際には米軍による攻撃ないし北朝鮮人民軍による部分的な挑発も考えられる。その場合のことも検討が必要。（自衛隊）

●中国のブローカーが難民ビジネスとして漁船で難民を送ってくる可能性がある。その場合は黄海から九州方面に向かうだろう。（海上保安庁・入管・外務省・警察）

●難民は一気に多数の人が出るのではなく、少しずつにじみ出るように出てきて、しだ

いに多くなっていくのではないか。（海上保安庁・入管）

●本当に保護すべき人とそうでない人が一緒になってやってくる。（海上保安庁・入管・警察）

●韓国経由で日本に行こうとする人もいるだろう。その対応も必要。（外務省・入管）

●日本国籍者は無条件に受け入れるしかない。日本と関わりのない人は人命保護の観点から対応すべきである。（入管・外務省・厚労省）

●拉致被害者・日本人妻をはじめとする日本国籍保持者・その親族たる在日朝鮮人帰国者とその子孫については現時点で日本政府も受け入れている。今後やってくる難民について、上陸後、①北朝鮮への送還、②韓国に送る、③希望する第三国に送る、④日本での定着、のどれに該当するか、基準を考えておく必要がある。（入管・外務省・厚労省）

●やってくる難民の中には武装難民がいる可能性を最初から考慮しておく必要がある。彼らが最初から銃を見せつけて入ってくるとは思えない。隠し持っている可能性がある。武装解除という観点からの対処が必要。（海上保安庁・警察・自衛隊）

●政府・自治体・民間が協力しなければならないが、責任者が誰でどのような施設を使い物資をどうするのか具体的な検討を早く進めなければならない。特に自治体と政府の意思疎通が必要。後手にまわると混乱が増大する。（官邸はじめほぼ全省庁）

●板門店で亡命した兵士から大量の寄生虫が発見されたが、難民の中にも寄生虫や感染症に罹患している可能性もある。また重労働による事故などで受傷しながら満足な治療を受けてこなかった人もいる。妊娠した女性などがいる可能性もある。健康診断が必要。また健康保険は当然加入していないので、医療関係の人材と設備、そして当然財源が必要になる。（厚労省）

●日本語を解せない人も少なくない。とりあえずの保護のためにも朝鮮語のできる人間が必要。（官邸・文科省・厚労省・海上保安庁・警察・自衛隊）

●ラジオがきわめて重要。場合によっては危険を冒して海を渡り日本を目指すのを思いとどまって、一時どこかに避難するよう伝える放送が必要になるかもしれない。少しでも聴取可能性を高くするためにはチャンネルを増やし放送時間を長くし、電波が安定する中波を流す必要がある。日本の通常のラジオ局の放送も北朝鮮で聞こえるので民放の枠を買うこともできるかもしれない。（総務省）

●ＮＨＫ第二放送は五百キロワットの出力があり深夜は停波している。その間を使っ

て北朝鮮に向けて送信できないのか。（総務省）

●結局難民対処の中心は自衛隊になるのではないか。（自衛隊）

●北朝鮮の体制が中途半端に維持されていた場合、混乱に乗じて日本国内で北朝鮮工作員が破壊活動をすることも想定しなければならない。いまの時点から摘発できる工作員は摘発する必要がある。たとえば北朝鮮工作活動に関わる不法行為の摘発を一県警一件を目標に行なうなど、工作員が動きにくくなるような状況を作るべきである。（警察・公安調査庁・自衛隊）

●難民をどういう気持ちで受け入れるかが大事。仕方なく受け入れるのではなく、暖かい心で受け入れるべき。（官邸含め全省庁）

2 中期（到着からおおむね一か月程度）

●日本は昨年難民申請一万九百人に対し認定二十八人、一昨年は七千五百人に対し二十七人。圧倒的に難民認定が少ない。日本にはベトナム難民三千五百人以上の難民収容経験はない。今回の場合日本に関係する人が多いとは思うが、また別の問題も起きる。

入管の能力をはるかに超えている。役所同士の押し付け合いも起きるのではないか。（入管・外務省）

●難民として認定するのは現在でも非常に時間がかかっている。それに対応しようとしても弁護士でも人が限られている。弁護士会でも議論しなければならない。（法務省）

●在日朝鮮人及び日本人家族の場合、日本に家族がいても、身元を引き受けようとしない家族が大半だと思われる。拉致被害者でも家族が身元引き受けのできるケースはそれほど多くない。状況は十五年前に帰国した五人の対応だけ考えても明らかである（※五人については国・自治体あげて支援し、なおかつ家族も身元を引き受けたから対応できた。それができない家族も当然相当数いるはずである）。

●かつて身分を偽装し兵庫県の高砂市に潜伏していた李善実《リソンシル》のような大物工作員もいた。こういう人間がいたら見分けることは不可能ではないか。また、工作員ではなくても成りすましの可能性はある。（警察・公安調査庁）

●自治体の対応能力はどれだけあるのか。押しつけられても限界があるのではないか。（総務省）

●ある人が日本国籍保持者であるとわかったとき、その配偶者だと名乗る北朝鮮人がいた場合どうするか。親子ならＤＮＡ鑑定できるが配偶者はできない。現時点でもこの問題は起きている。昭和三十八年（一九六三）の「寺越事件」で拉致された寺越外雄さんは在日帰国者の女性と結婚したが、その子供の日本国籍を法務省は認めようとしていない。（法務省）

●拉致被害者はもちろんだが戦後残留者や日本人妻なども含め北朝鮮に残っている日本人はすべて救出しなければならない。誰がどこにいるのかの情報が必要。その意味で難民としてやってきた人からの情報も重要になる。（外務省・自衛隊・警察）

3 長期（定着する人についてのその後の対応）

●すでに二百人以上の脱北帰国者がいるのだから、その人たちを含めて定住すべき人はそれに対応できる法整備が必要。（国会・厚労省・法務省）

●北朝鮮から日本に入国する人は現在でもさまざまな温度差がある。遺体を捨てる作業をしてきたような体験がトラウマになっており人を信じない。精神的な安定がなかなか得られない。その人たちのケアをどうするかは専門家の手を借りるしかない。東日

本大震災での被災者のケアを行なった臨床宗教師のような存在も必要になる。（厚労省・文科省）

●これまでの脱北帰国者で日本にくるとき自殺用の薬を持っていた人もいる。日本が安全かもわからずやってくる。（厚労省）

●定着後の生活も考えなければならない。（厚労省）

●北朝鮮の中ではＤＶが日常化しているなど生活習慣の違いがある。それへの対処も必要。（厚労省・警察・文科省）

●独裁政権の中で育ってきているので民主主義がわからない。それを教えるためにも日本語がわからなければならず、語学教育が必要である。（文科省・厚労省）

●現在脱北帰国者の支援はほとんど民間でやっている。大量にやってきたら民間だけでは対応できない。政府・自治体・ＮＧＯの連携が必要。（文科省・厚労省・総務省）

●北朝鮮への帰国（北送）運動は北朝鮮の責任、とりわけ総聯の責任が大きい。朝鮮総聯が現時点で存在していること自体が問題である。帰国者やその家族が戻れば当然総聯の責任が問われることになる。（国会・法務省・警察・公安調査庁）

●北朝鮮を安定させ、職場を作り、そこで無事に生活できるようにして、日本に関係のない難民が流入するのを防ぐ努力も必要ではないか。体制が変わればインフラ整備など北朝鮮への援助も必要だし、南北統一への動きが出てきた場合は当然韓国との連携も必要になってくる。（外務省・経産省）

●日本全体の人口政策との関係も考慮すべき。日本を目指す人は国籍に関わらずもともとの日本人以上に日本への憧れを持った人も多いと思われる。しっかりとフォローし、教育ができればまったく関係ない外国人の移民を受け入れるよりはプラスになる。（厚労省・文科省）

●教育については夜間中学などのシステムを活かせるのではないか。難民支援のための日本語プログラムを作る必要もある。（文科省）

●介護におけるケアマネージャー的な人材、つまり定着する人にマンツーマンで援助する担当者も必要ではないか。（厚労省）

●定着後の就職については労働組合のバックアップも必要ではないか。アルバイト的なものであれば半年～一年でできるようになる。（厚労省）

●高齢者の場合は軽労働と補助金のミックスで対処すべき。（厚労省・財務省）

以上のことについては、どの程度かはわからないが日本政府も検討はしている。しかし、国民には問題の深刻さどころか検討していることすら伝えられていない。このままでは誰も知らないうちに危機が進行し、気がついたときには手がつけられなくなるのではないか。

難民問題は世界中で起きているが、朝鮮半島からの難民は拉致問題や北朝鮮の工作活動など、あるいは在日朝鮮人帰国（北送）運動もからみ他の国のケースとまた異なる難しさがある。何よりも最低限の国民のコンセンサスを得なければならないのだが、政府は拉致問題と同様、問題を矮小化し、あるいは隠そうとしている。次章ではその構造について述べる。

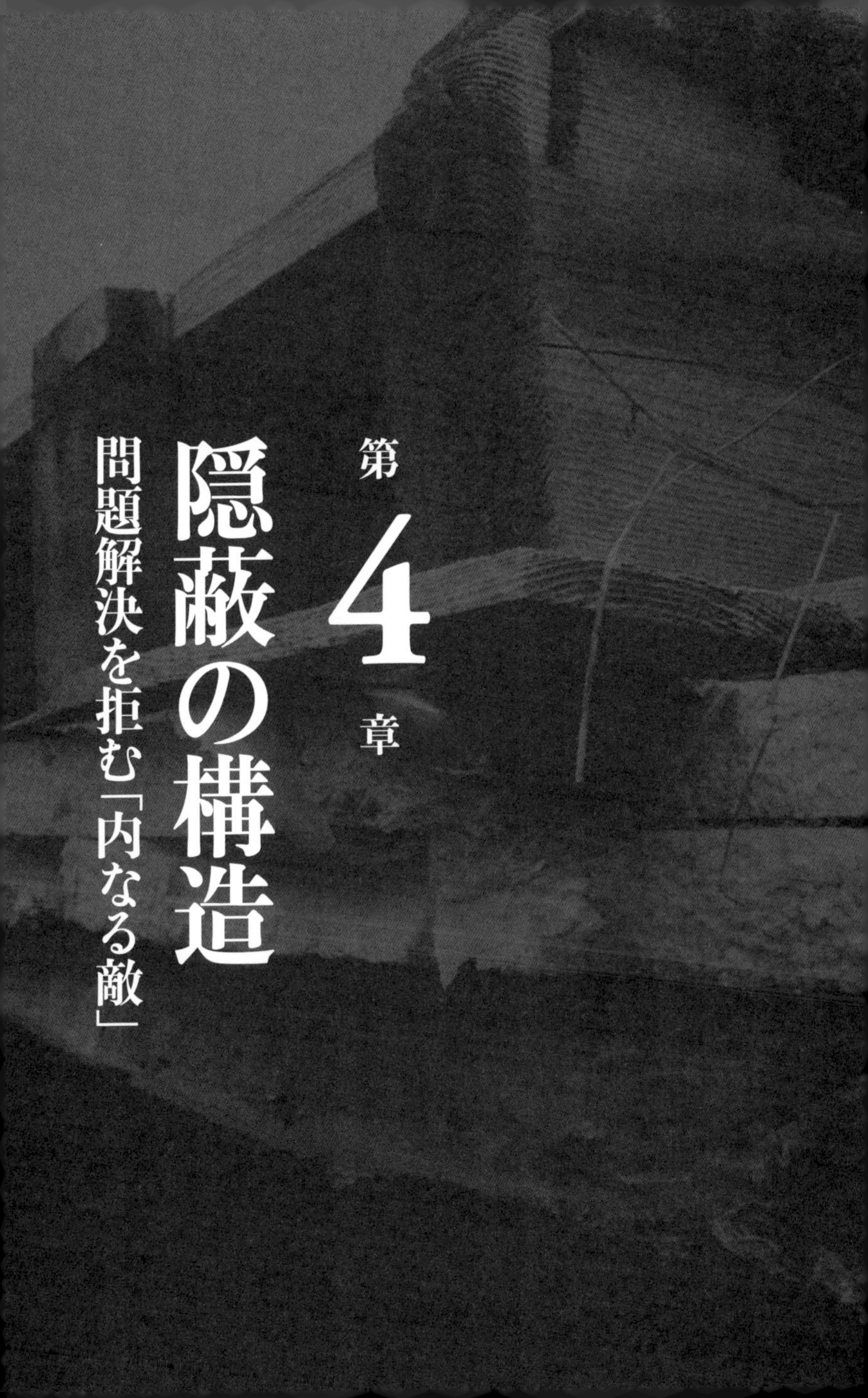

第4章

隠蔽の構造

問題解決を拒む「内なる敵」

漂着船が急増した時期、日本政府の対応を見ていると、拉致問題への対処と非常によく似た問題があることに気づく。放っておけば拉致問題と同様、問題が隠蔽され、あるとき突然、収拾のつかない事態になってしまう可能性があるのだ。

この問題は構造的なものであり、じつは起きていること以上に深刻だ。拉致問題に取り組んできた私が漂着船の問題にこだわる理由はここにある。

横田めぐみさんの拉致さえ隠蔽されていた

「拉致問題の隠蔽」といっても意味のわからない方も多いだろう。じつはこれだけでも何冊も本ができてしまうほどのことが行なわれており、拙著『山本美保さん失踪事件の謎を追う』(草思社刊)もその一つだが、ここでは拉致問題の象徴たる横田めぐみさんのことを例に、隠蔽の構造について書いておきたい。

横田めぐみさん失踪当時の状況は特定失踪者問題調査会特別調査班の調べたところでは、おおむね次のようなものだ。

昭和五十二年(一九七七)十一月十五日、新潟市立寄居《よりい》中学校の一年生・横田めぐみさんは夕方六時半を過ぎても帰宅しなかった。心配した母の早紀江さんは、午後七時を過ぎて寄居中学校に行ってみた。

体育館の電気が点いていたので、早紀江さんはめぐみさんが所属していたバドミントン部の部活が続いていると思っていったんほっとしたものの、行ってみるとすでに部活は終わり、生徒はみな下校していた。体育館にいたのはママさんバレーのメンバーだった。

早紀江さんは急いで自宅に戻り、めぐみさんの弟である当時小学生の拓也さん・哲也さんを連れて通学路沿いから海岸までも探しまわった。バドミントン部の顧問にも連絡し、早紀江さんからの連絡を受けた父・滋さんも帰宅して付近を捜したものの、何の手がかりも見つからなかったため、午後九時五十分、警察に通報した。

警察はすぐに所轄の新潟中央署と新潟東署から捜査員を横田家に派遣した。

このとき、通報を受けた当時の松本瀧雄・新潟中央署長はすぐに「機動隊を出せ」と言ったという。この反応にはじつは重要な意味があるのだが、それは後で述べる。

新潟中央署は全署員二百二十名を非常呼集して捜査にあたらせた。横田家には捜査員が電話の録音装置などを設置して待機し、横田夫妻も電話の傍で寝ていた。

自宅の水道町周辺には多数の警察官が出ており、当時水道町一丁目に住んでいた住民の一人は夜遅くに帰宅後、家族に「何か大きな事件があったんだね、警察官がいっぱい出ている」と伝えていたそうだ。

翌十一月十六日午前五時からは県警の機動隊七百六十名が投入され、松林の中などで捜索にあたったという。

この捜査態勢は通常の誘拐事件の捜査とはまったく異なるものだった。

めぐみさんが行方不明となったとき、当然考えられるのは「身代金目的」の誘拐である。だからこそ捜査員や電話の録音装置などを横田家に配置していたのだが、本来このような捜査は人質の安全を優先するため秘匿性が求められる。被害者宅に出入りする捜査員は業者などに変装し、装置も偽装して持ち込むのが普通なのだ。おそらく当時も、そうしていただろう。

ならば、なぜ松本署長は「機動隊を出せ」と言ったのか。

警察は犯人からの連絡がなくても、誘拐の可能性が晴れていないと思われる翌朝の午前五時から機動隊員を七百六十名も投入して捜索にあたらせている。公開捜査に切り替えたのは一週間後であり、対応はきわめてちぐはぐだ。

このやり方は仮にめぐみさんが身代金目的で誘拐されていたなら、犯人に「人質を処分してください」と言っているようなものだ。

しかし、当初から北朝鮮による拉致と認識していて、密出国地点へのめぐみさんの移送を阻止しようと考えたのであれば、逆にその切実さが感じられるのではないか。

このとき、警察が横田めぐみさん失踪を最初から拉致だと思っていた証拠を、もう少しあげてみよう。

○女性の水死体

めぐみさんが行方不明になった翌日の十一月十六日午後、横田家から七～八キロ離れた上新栄町の海岸に若い女性の水死体が漂着した。この女性の身元がわかったのは十七日で、翌十八日には新聞に報道された。山形県出身の二十歳の学生だった。

時間的に考えれば、当然めぐみさんの可能性が考えられ、そうであれば通常なら警察は家族に確認するはずだ。おそらく遺体も見せるだろう。

しかし横田早紀江さんは、この遺体に関する身元確認をした記憶がなく、その事実すら知らなかった。身元確認をしていれば忘れるはずはない。実際、ご家族はその後見つかった別の身元不明遺体の確認を行なっており、早紀江さんはそのことを鮮明に記憶している。

警察で遺体の身元がわかっておらず、なおかつ、めぐみさんが行方不明になっているときに家族に身元確認を求めなかったということは、当初から「この遺体は、めぐみさんではない」とわかっていたということ以外に考えられない。

場合によっては、めぐみさんが移送された場所も特定されており、自宅から離れた海岸だとわかっていたのかもしれない。

この時点でもある程度、工作員の密出入国地点は明らかになっていたろうし、着岸漂流一覧でも新潟市は旧巻町である西蒲区に漂着地があるだけで、もともとの新潟市には漂着船がないのである。それは、めぐみさんの自宅近くの海岸から連れ去られたのではなかったことの傍証ともいえる。

○松本元署長の証言

めぐみさん拉致から三十一年目になる平成二十年（二〇〇八）十一月十五日、集会参加のため新潟市を訪れた横田夫妻のところに、事件当時、所轄の新潟中央署長だった松本瀧雄氏が訪れた。この席には馬場吉衛・救う会新潟会長（当時）や現在は特定失踪者家族会会長になっている大澤昭一さんも同席していた。

この場で松本元署長は「いなくなったときから、あの人たち（北朝鮮工作員）の仕業だと思っていました。ずっと表に出せず申し訳ありませんでした。私が生きているあいだに伝えたかった」と語った。

松本元署長は親しい記者にもこのような発言はそれまでいっさいせず、その後亡くなるまでもしなかった。

通常、警察関係者であれば、公開できないがどうしても表に出したいことならマスコミにリークするなどの方法もある。しかし松本さんは徹底して口を閉ざし、一方で亡くなる前にどうしても伝えたかったと横田夫妻には語っている。

これは「横田めぐみさんの失踪は北朝鮮による拉致であったこと」が警察組織として最後まで秘匿しなければならないことだったから、としか考えられない。そして、そのことに良心の呵責を感じ続けてきたからこそ、松本さんは、どうしてもひと言、家族に伝えたかったのだろう。

前に述べた初動態勢、機動隊の動員などは一署長の判断でできることではない。また、松本署長がこの事件を拉致と気づいたのは、おそらく事前に工作員と工作船、あるいは本国の通信を警察が傍受していたからだろう。

特異な通信が行なわれていることがキャッチされ、北朝鮮の何らかの動きがあることはわかっており、しかし具体的にどこで何をするのかわからなかった。だからこそ「中学一年生の少女が失踪した」と聞いて、松本署長は北朝鮮の仕業と考えたのだ。

日本の警察は形式上は都道府県に所属しているが、警備、特に外事部門は事実上、警察庁の直轄である。ちなみに松本さんはもともと警備畑の人で、県警外事課に勤務していたときは山形県境での北朝鮮工作員の検挙にも関わっていたという。

三十一年間家族に語れなかったのは、その隠蔽について少なくとも警察庁レベル、おそらくはそれより上、つまり首相官邸レベルでの決定があったから、ということになると思われる。

松本元署長と横田夫妻との面会は非公開だったが、面会後には記者が取材しており、『新潟日報』の報道には次のような記述がある。

「面会後、取材に応じた松本さんは、横田さんと手紙のやりとりを続けてきたことを語り、『めぐみさんが日本にいるあいだに保護・救出できなかったことが、結果的に三十一年という年月につながってしまった』と述べた」

「日本にいるあいだに保護・救出できなかった」という言葉と、その前にご両親に語った言葉を合わせて考えると、松本さんはやはりこの時期、北朝鮮が何かをしようとしていることを察知しており、めぐみさん失踪の一報が入った時点で拉致されたと気づいたのだろう。

そして、海岸に移送され、船に乗せられるのを何とかして阻止しようとした。それが失敗したことがわかったとき、上から厳重に箝口令《かんこうれい》が敷かれたということなのではないか。

なお、失踪から数日後、ご両親と滋さんの日銀の同僚の方々が中央署を訪れたとき、案内された二階の会議室で待っていると、入ってきた松本署長は署員に大声で「ブラインドを閉めろ！」と命じた。このことは早紀江さんが鮮烈に記憶している。工作員か協力者に監視されている可能性があると思ったのだろう。

ちなみに名前は特定できないのだが、警察庁の警備畑の元幹部で「横田めぐみさんの拉致は最初から北朝鮮の仕業だとわかっていた」と言った人物がいたそうだ。少なくともこの十年のあいだの話である。伝聞のまた伝聞だから、正確にそう言ったのかはわからない。しかし事実だとすれば、悩み続けた松本署長と、知っていたことを自慢げに話したこの元幹部では、人間として格段の差があるように感じられるのである。

○韓国からの情報

平成六年(一九九四)頃、新潟県警警備部のあるスタッフは、横田めぐみさん失踪について調べていた。この時期は韓国政府から日本政府に「一九七〇年代後半にバドミントンの練習帰りの中学一年生の少女が北朝鮮工作員に拉致された」との情報がもたらされた時期である。

このスタッフは上司から「他の課員にも知られないように」との指示を受けていた。本人は「何でこんな昔の少女の失踪事件を調べるのだろう」と訝《いぶか》しく思いながら調べていたそうだ。

『現代コリア』平成八年(一九九六)十月号に掲載された石高健次氏の論文に出てくる少女拉致の被害者が横田めぐみさんであると明らかになったのは同年末である。西村眞悟衆議院議員(当時新進党)の国会質疑と『産経新聞』『AERA』の報道で氏名が公表されたのは翌平成九年(一九九七)二月だが、少なくともこの何年も前に政府が横田めぐみさん拉致について知っていたことの証明だ。

平成九年二月三日の衆議院予算委員会における質問の前に、西村議員は横田めぐみさん拉致について質問主意書を提出していた。この主意書の提出が一月二十三日、通常であれば一週間程度で答弁書が届くのだが、このときはもう一週間遅れて二月七日付となった。国会での質疑をまたぐかたちになったのだが、これも何かの意味があるのかもしれない。

また、西村質問から間もなく、二月の中旬といわれているが、橋本龍太郎首相は友人で右翼の大物・本多一夫氏を「日本国際交流機構（ＩＣＯ）」という実態のない団体の代表の肩書きで北朝鮮に送り、横田めぐみさんの帰国について交渉させた。

本多氏は平壌市内を見物中に北朝鮮側案内人から「横田めぐみはあのアパート付近に住んでいる」との説明を受けたといわれている。結果的には実を結ばなかったが、西村質問の直後、橋本首相が対応したのも、事前に北朝鮮による拉致とわかっていた傍証といえるだろう。

拉致問題に関心を持っている人でも、おそらく大部分は平成九年二月三日の衆議院予算委員会での西村質問および『産経新聞』『ＡＥＲＡ』の報道の頃まで政府は横田めぐみさん拉致に気づかなかったと思っていたのではないか。

しかし、現実はこうなのだ。

政府は、なぜそれほどまでにして隠してきたのか。工作活動がきわめてたやすく、そして日本の海岸がほとんど「出入り自由」であるということがわかれば、それぞれの機関、最終的には時の政権の責任問題になる。

そして、このことを突きつめていくと、米国に依存して日本の安全を守るという歪んだ国防体制を変えざるをえなくなる。これについては最終章で述べるが、それは吉田茂が作り、右から左まで、私も含めておそらく大部分の国民が安住してきた戦後体制の根幹を揺るがすことになるのである。

だから、そういう「不都合な真実」は隠すしかないのだ。

巻末の着岸漂流一覧を見るだけでも想像できるだろう。「○月×日△海岸に工作員を送り込む」となれば訓練された工作員を周到な準備の後に送り込む必要があるが、一部が漂着遺体になっても何人か上陸できればいいというのなら、日本の海岸はいくらでも出入りできるのだ。

「平和国家・日本」、それは右も左も米国の力の存在を前提としたものだった。左は憲法九条を守っているから戦争に巻き込まれないと勝手に考え、右は日米安保条約で守られているから日本は安全なのだと思い込んできた。

しかし、海からの木造船や工作船の出入りには憲法九条も日米安保もまったく無力である。その矛盾を国民が本当に実感したとき、「戦後体制」という虚構が崩壊する。だから、それは絶対に許せないのであり、それを防ぐためには拉致問題は徹底して隠蔽しなければならなかった、ということだ。

「許せない」というのは、誰か個人が情報が明らかになることを許せないと考えたり行動したということではない。体制そのものが一つの生き物のように、自己保存本能によって動いており、その体制にとって許せないということだ。だから政治家であれ官僚であれマスコミ人であれ、そこに携わっている誰もが、自分がその役割の一端を担っていることに気づいていないのである。

多数の木造船が日本に漂着し、明らかに生きた人間もやってきていて、危険な兆候があるのに政府が動かないのは、そういうことだ。

そして北朝鮮木造船の問題は、やがて難民問題となって収拾のつかない事態を呼び起こしかねない。「まさか」と思う方も多いだろうが、拉致問題の象徴である横田めぐみさんの問題ですらそうやって隠されたということを、忘れないでいただきたい。

拉致事件をめぐる「嘘の連鎖」

横田めぐみさん拉致は事件直後から隠された。そして一度嘘をつけばその嘘を隠すためにまた嘘をつくようになり、「嘘の連鎖」を生む。その一つが拉致現場である。

これまで、横田めぐみさん拉致現場は寄居中学校前の営所通りと呼ばれる広い道を海岸方向に進み、横田家の方に曲がる角だといわれてきた。そこで警察犬が止まったというのが理由で、私も長年「ここで拉致された」と言ってきた。

ところが特定失踪者問題調査会の特別調査班が調べ直すと、いくつも疑問が出てきた。

その一つが『読売新聞』平成十七年（二〇〇五）九月十六日付の次のような記事である。

《（1977年に拉致されためぐみさんが）翌78年に曽我ひとみさん（46）と初めて会った日の夜、「家の近くの曲がり角で男の人に捕まえられた」「すぐそばの空き地に連れて行かれた」と拉致の瞬間を語っていたことが15日、分かった。（中略）

曽我さんは、19歳だった78年8月12日、新潟・佐渡で母親のミヨシさん（当時46歳）とともに拉致され、数日後、平壌郊外の「招待所」と呼ばれる施設で、9か月前に拉致されていためぐみさん（当時13歳）と引きあわされ、共同生活を始めた。

関係者によると、2人は対面初日、招待所が用意したジュースや食事を取るうちに、うち解けた会話ができる仲になった。拉致が話題になったのは、その夜、めぐみさんが、足を引きずっていた曽我さんに、「どうしたの」と問いかけたことがきっかけ。曽我さんは、その言葉の優しさに、自分が拉致されたことを打ち明けると、めぐみさんは「私もバドミントン部の練習の帰りに、家の近くの曲がり角で男の人に捕まえられた」「すぐそばの空き地に連れて行かれた」と語り始めた。

この時、めぐみさんは実行犯の人数などには触れなかったが、2人は「本当に怖かったね」「すごく恐ろしかった」とささやき合って眠りについたという。》

じつはこの証言について、平成二十九年（二〇一七）三月二十二日、特定失踪者問題調査会の村尾建兒《たつる》専務理事（現副代表）が曽我さんに確認したところ、曽我さんは「そのような証言はしていない。角を曲がったところで後ろから襲われたとしか聞いていない」と語った。

なぜ情報が矛盾しているのかについては不明だが、「家の近くの曲がり角」「空き地」というキーワードは何もなければ出てこないはずで、『読売新聞』が何の根拠もなしにこのような記事を書くとは思えない。私はこの記事自体には一定の信憑性があると思っている。

私自身「警察犬が止まった」ということで、営所通りの角から車に乗せられたと長いあいだ思っていた。しかし考えてみると、拉致現場についての情報は警察犬にかかわるものしかなかったのだ。

事件当日の午後六時三十分頃、横田家の南側隣家二階に下宿していた新潟大学の女子学生Aさんは窓を閉めて自室の掃除をしていたところ、「きゃっ、助けて！」という悲鳴を聞いた。遠くから聞こえてきた声ではなかったため、すぐに自室の窓を開けて外をうかがったが、庭木が邪魔したのと、暗かったために路上は見えなかった。しばらくのあいだ目を凝らし、耳を澄ませていたが、それ以上何の音も聞こえなかったため、Aさんは窓を閉めた。

おそらく拉致現場はこの角だったのだろう。自宅を目の前にして、めぐみさんは拉致されたのである。

めぐみさん拉致の現場とされていた場所の前には当時、新潟大学商業短期大学部のキャンパスがあり、夜間の三年制で夕刻から授業が行なわれていた。営所通りには約七分に一本の割合でバスが走っていた。拉致をする側から考えれば目撃されるリスクが大きいし、脇道に入れば人通りは少なくなるので、わざわざ目につく大通りで拉致しようとした可能性は低い。

しかし考えてみれば、新潟県警は営所通りの角が拉致現場だと正式に発表したことはない。ご家族にも、少なくとも正式にはそのような説明はしていない。逆に北朝鮮による拉致だとわかっていたとしたら、じつは詳細に当時の状況を把握していたのではないか。めぐみさんが移送され、運び出された海岸もわかっていたのかもしれない。

前述したように、失踪当時の警察の動きは、めぐみさんが海岸からボートに乗せられるのを必死で阻止しようとするものだった。日本国内にいてくれさえすれば何とか身柄を確保することができる。おそらく松本署長をはじめ当時の関係者は、それにすべてを賭けたのだと思う。

しかし、めぐみさんは拉致されてしまった。

このふた月前、昭和五十二年（一九七七）九月二十八日に、ダッカ・ハイジャック事件が起きている。日本赤軍が日航機をハイジャックし、身代金六百万ドル（当時のレートで約十六億円）を支払うことと拘留および服役中の九人の釈放を求めたもので、要求を呑まなければ乗客を一時間に一人ずつ殺害するという脅迫に、当時の福田赳夫内閣は屈した（九人のうち三人は釈放をみずから拒否し、実際に釈放されたのは六人）。

もちろん、これは法律上認められるはずのない行為で、福田内閣は「人命は地球より重い」という言葉でつくろい、「超法規的措置」としてこれを認めた。

その九日前、九月十九日に現在、政府認定拉致被害者でいちばん最初になる久米裕さんの事件が起きている。拉致の実行犯である在日朝鮮人・李秋吉は直後に逮捕されるが、久米さんは北朝鮮に拉致された後だった。李は自供しているのだから久米さんが拉致されたことはわかったのに政府は動かなかった。

その後十月二十日に、現在は政府認定拉致被害者になっている松本京子さんが鳥取県米子市で拉致されている。松本京子さんは特定失踪者問題調査会のリストからただ一人政府認定拉致被害者になった人である。ひょっとしたら、これも当時から拉致だとわかっていたのかもしれない。

当時、公表はしていなかったものの、久米さん拉致事件では被害者を連れ去られた。ダッカ・ハイジャック事件では世界中に失態をさらした。そのうえ「中学校一年生の少女を拉致されてしまった」となったら世論はどうなるかわからない。

結局、「あってはならないことだから、なかったことにしよう」という結論が下された、ということだったのではないか。「人命は地球より重い」と言っても、それは責任逃れの方便でしかない。もし本当にそう思っているなら、横田めぐみさんは戦ってでも取り返さなければならなかったはずだ。

しかし、その意志は最初からなかった。じつは「きゃっ助けて」という声を聞いた女子大生と別に「お母さん！」という声を聞いた人がいるのである。横田早紀江さんはそれを捜査員の一人から聞いたのだが、後にそれを確認すると「間違いだった」とうやむやにされてしまった。そして犯行現場も営所通りの角であるかのようにぼかされたのであろう。

漂着船と拉致問題に共通する隠蔽の構造

『64（ロクヨン）』（瀬々敬久監督）という映画をご覧になったことはあるだろうか。横山秀夫の小説で映画化・テレビドラマ化されて話題になった。映画では主人公の刑事役を佐藤浩市が演じていた。

この映画は昭和の最後の年、昭和六十四年（一九八九）に起きた少女誘拐殺人事件で警察が逆探知した電話の音声を録音するのに失敗し、それを隠蔽しつづけたことがテーマになっている。警察内部の争いなども出てきて興味深い内容だが、警察の隠蔽の構造はこんなものなのだろう、というのがいちばん強い印象だ。

前任者のついた嘘を隠すために、それが嘘だとわかっていても後任者も嘘をつき続ける。それを暴こうとすれば上からは圧力がかかり、周囲からは疎んじられる。真実を明らかにしても批判されるだけで、誰も誉めてくれるわけではない。二年もすれば次の異動で別のところに移るのだから、何も自分が明らかにする必要はないと大部分の人間は考える。

明らかになれば、マスコミや世論から叩かれる。そうなれば組織自体が揺らぐ。「いま警察組織の権威が低下すれば、国の治安全体に影響がある」という大義名分は後ろめたさを多少とも弱めてくれる。

一度隠せば、何かあったときにその嘘の整合性を保つために、さらに新たな嘘までつくようになる。そして担当が代わっても嘘は申し送り事項になって引き継がれる。こうなると異動のたびに共犯者が増えていって、内部からは誰も、おそらくは県警本部長でもその嘘を正すことができなくなるのだ。

それに輪をかけるのが警察、特に警備畑の隠蔽体質だ。警察の幹部は拉致問題について、昔はよく「法と証拠に基づいて厳正に対処している」と言っていた。どのように法と証拠に基づいて対処しているかについては話をせず、何か質問されれば「捜査に支障を来すおそれがあるので、お答えは差し控えさせていただきます」と慇懃《いんぎん》この上ない回答ですませてきた。

たしかに事の性質上、明らかにできないことがあるのは当然だが、それが隠れ蓑になるから警察がらみで隠蔽が蔓延するのである。

ちなみに北朝鮮船については海上保安庁も当然関係するが、海上保安庁は「海の男」

の組織だからか、警察ほどすれてはいない。ごまかすのが苦手なので、そもそも情報を出そうとしない。

これは仮定の話だが、たとえば有人の漂着船の中から小銃弾が出てきたとする。銃は見つからなかった。可能性があるとすれば、小銃を積んできて日本の近くで海中に投棄して弾の一部が残っていたということになる。

しかし武器を持っていたのが明らかになれば、今後やってくる船には全部、武器を持った人間が乗っている可能性が生まれる（実際は、いままでもそうだったのだが）。乗っていた人間は口をそろえて「銃は持ってこなかった。銃弾のことは知らない」と言っている。

報道されれば特に日本海側の住民はパニックになる可能性もある。かといって現在の日本には対処する方法は事実上、存在しない。

大々的に報道されて、「上陸させたら大変なことになる」という声が高まれば、海上保安庁は木造船を海上で阻止して、さらに命がけで臨検しなければならない。そのとき相手が銃を隠し持っていても、それを持って構えなければ、臨検の要員は銃口を向けることすらできないだろう。

そもそも、これまでの漂着船はほとんどが日本のどこかに漂着してから発見されているのである。陸上要員まで入れて一万三千人程度の海上保安庁が、すべてを海上で押さえるのは絶対に無理である。水際で警察がやるといっても、各県警にはものすごい負担になる。

それなら、とりあえず今回は「なかったこと」にしてしまっても不思議ではない。実際その後やってきた漂着船には弾丸も小銃もなかったとなれば、なおのこと。「あれは特別なケースだったのだから、隠したのは現実的な判断だった」ということになるだろう。

しかし、その陰で危機は進行するのである。「平和を愛する諸国民の公正と信義に信頼」するのは日本人だけだ。次にやってくる人間がＡＫ47小銃を持って上陸しないという保証は何もないのである。

上陸した人間が銃を持って家のドアをノックする。田舎の家なら鍵をかけない家も少なくない。しかも多くは高齢者しかいない。まったく対処するすべもないはずだ。山ほどある空き家に入られたら、松前小島の詰め所のように、それこそドアのノブまで持って行かれるだろう。

写真25｜韓国の東海岸・江陵市の海岸で座礁した北朝鮮潜水艦

運良く警察に電話できて、警官がやってきたとしても、拳銃対小銃では話にならない。ＳＡＴや、それに類する部隊を呼んできて（運良く短時間でやってこられれば、だが）、さらにどうしようもなければ、自衛隊を治安出動で使うということになる。現状では自衛隊を出すのは非常にハードルが高いが、出したとしても治安出動であれば警察と同じ「警察比例の原則」で対処しなければならない。

警察と軍隊は同じようなものだと勘違いしている人がいるが、警察というのは基本的に法律の適用される範囲で、その法秩序を守るための組織である。したがって相手以上の武器は使用しないのが原則なのだ。

ある目的を達するために武器を使用して敵を制圧する軍隊とは、同じ銃を使っても根本が異なる。したがって自衛隊を出しても、治安出動ではほとんど意味がない。

平成八年（一九九六）九月十七日に韓国東海岸の江陵《カンヌン》市の海岸で北朝鮮潜水艦が座礁した。乗組員二十六人のうち十一人は付近で集団自決し、残り十五人は逃亡を図った。うち十三人は射殺され、一人が逮捕、あとの一人は北朝鮮に逃げ帰ったとされている。

この十五人のために韓国軍は予備役も招集し一日三万人、五十日間で延べ百五十万人を動員して掃討作戦を行なった。それでも韓国側にも相当の被害が出たのだ（写真25）。

こんな動員は陸軍だけで五十万人以上、予備役は約三百万人いて、なおかつ法的にも通常の軍として行動できる韓国だからできたことだ。陸上自衛隊十三万、予備自衛官五万人弱、しかも法律でがんじがらめに縛られた日本では対処は不可能である。

それを変えるのは警察庁長官にも統合幕僚長にもできない。総理大臣でも至難の業だろう。ならば弾丸を見つけたくらいでことを荒立てるより、なかったことにしたほうがいい、ということになる。

おそらく横田めぐみさん拉致のときも、同様の判断があったのだろう。そして、それよりはるか前から北朝鮮が拉致をしてきたことはわかっており、それも隠し続けてきたのだ。かくして少なくとも百人、おそらくはそれよりはるかに多くの日本人が拉致をされていった。

いまの北朝鮮漂着船問題も、同じ轍《てつ》を踏んでいるように、私には思えてならない。たしかに現状を変えるのはきわめて難しい、しかし隠していて問題が解決するわけではない。それどころか危機はさらに進行する。どこかで誰かが明らかにして、直していく努力をしなければならない。

しかも、どんな名医であっても自分の手術ができないのと同様、時の体制を維持することが任務である官僚にそれをすることはできない。本来、それは政治家の仕事なのだが、与野党を問わずこれまた基本的には現在のシステムに乗っているのだから難しい。結局は、自分も含め民間人が声を上げ、正す努力をしていかなければならないのだと思う。

第5章 日本の国防は根本が間違っている

前章では拉致問題に関する隠蔽が現在の漂着船問題とつながっていると書いたが、もう一つ、さらに大きな問題として、そもそも日本の国防の矛盾自体を、この漂着船問題はえぐり出している。十五年間の予備自衛官としての経験からそれを書いておきたい。

私が予備自衛官になった理由

私は平成三十年（二〇一八）九月五日に予備自衛官を任期満了退官した。

予備自衛官になったのは平成十五年（二〇〇三）九月六日。その前の二週間、予備自衛官補二期生（語学技能・朝鮮語）としての訓練を横須賀・武山の陸上自衛隊第一教育団（現在の東部方面混成団）で受け、訓練終了翌日となる九月六日付で予備二等陸曹（予備役軍曹）として任官した。

もともと予備自衛官は常備自衛官、つまり職業として自衛官を経験した者でなければなれなかった。しかし時代の変化に対応して平成十四年（二〇〇二）から民間人が予備自衛官補として訓練を受け予備自衛官になる制度が陸上自衛隊に発足した。

予備自衛官補には一般公募と技能公募があり、一般公募は三十三歳が応募の上限で、訓練は五十日（五日間×十回）。技能公募は語学・衛生・通信・土木・建築・整備・情報処理などの各種技能を持つ人間が対象で応募年齢の上限は五十二〜五十四歳。十日（五日間×二回）の訓練を受ける。

私は朝鮮語の語学技能で予備自衛官補になった。訓練を終えると、翌日から予備自衛官として任官する。その後は通常で最初の年度が一日、それ以後は年間五日の訓練を受ける。予備自衛官になれば、現職を退官して予備自衛官になった人と基本的に同じ扱いである。

予備自衛官は三年一任期で、再任用ができるのは五十九歳までだった。私の場合は五十九歳で再任用になっているので、それが最後。平成三十年（二〇一八）から六十一歳まで再任用できる制度改正が行なわれたが、残念ながら任期切れのひと月前に六十二歳になってしまい、その恩恵に浴せなかった。

さて、私が予備自衛官になった理由は二つある。一つは昔から、生まれ変わったら軍人になりたいと思っていたこと。もう一つは拉致被害者の救出のためである。

予備自衛官任官の時点で、拉致問題に関わりはじめて七年が経過し、その間、拉致問題が明らかに安全保障上の問題であるという思いが強まっていた。安全保障の問題であるなら、自衛隊が何らかの役割を果たすのは当然だ。しかし自分自身が安全な場所にいて「救出に行け」と言うのもいかがなものかと思っていたところ、予備自衛官補制度ができたので、これ幸いと応募したのである。

もちろん任官当時四十七歳、そうでなくても運動神経の劣る自分にランボーまがいのことができると思ったわけではない。ただ、拉致問題について、朝鮮半島について、あるいは失踪者のデータについて、それなりに知識を持っている人間として、何かのときにはお役に立てるのではないかと思った。

一般公募の予備自衛官補は五十日にわたる訓練を受け、常備自衛官になる前の自衛官候補生に準じて一通りのことはこなす。予備自衛官任官後、最初の階級は二等陸士（二等兵）である。現役出身者の中に入っても、それほど違和感はない。

それに比べて、私たち技能公募はわずか十日の訓練で、階級は最初から陸曹（下士官）、医師や弁護士などの技能なら幹部（将校）になる。

元現役（常備）出身の予備自衛官が大半を占めていた予備自衛官補制度発足当初、予備自衛官の訓練では、まわりはみな長年経験を積んだ陸曹として見るのに、こちらは射撃どころか行進一つまともにできないのだ。

外国なら、予備役の軍人は通常現役と同数程度か、国によっては倍以上いるところもある。日本の場合、常備自衛官も二十三万人程度しかいないのに、予備自衛官はさらに圧倒的に少なく、私たちのような人間を入れても五万人にもならないのである。「とりあえずいればいい。使うことは想定しない」というものだったからだ。

最近は大規模災害などで現役と予備自衛官の中間にあたる即応予備自衛官はたびたび招集されているし、やがては一般の予備自衛官も招集されるだろうから、最近の訓練はかなり現実に即したものになってきているが、それでも数からすればほとんど「予備」に値しない程度しかいない。

自衛官は拉致問題に関心がない

ところで十五年前、予備自衛官になって感銘を受けたことがある。昔から「税金泥棒」だ「人殺し」だ「軍国主義の亡霊」だと左翼からさんざん叩かれてきたにもかかわらず、きわめて真面目な、きちんとした大組織が続いてきたことへの驚きである。

東日本大震災以来、迷彩服が一般の目に触れることが多くなって、自衛隊の好感度は高まっているが、中にいるとその理由を実感する。

私は平成十五年（二〇〇三）九月、予備自衛官補から予備自衛官になるとき、何人かの現職自衛官から「失望しないでくださいよ」と言われた。何のことかわからなかったのだが、要はもともとの、現職を辞めて予備自衛官になった人たちの士気が低く、せっかく公募で勢い込んで入ったのにショックを受けるのではないかと心配されたのだった。

しかし最初の訓練に行ってみると、そんなことは感じられなかった（こちらもはじめてだったので、感じている余裕もなかったのだが）。予備自衛官の訓練は任官した年が一日、それ以後は通常年間五日で、私の場合はほとんど朝霞駐屯地で受けた。訓練で一緒になるのは年齢も職業もばらばらだがみなそれぞれに味のある人たちで、こなすところはしっかりとこなしていた。それが予備自衛官だから、現職はなおのことである。

一方、もう一つ驚いたのが「自衛官の大半は拉致問題に関心がない」ということだった。これは予備自衛官より現役の自衛官にその傾向が強かった。

詳しいことは知らないにしても、自分の国土から国民が連れ去られているのだから、「悔しい」とか、「何とかしなければいけない」という思いは人一倍持っているだろうと思っていたのだが、基本的には一般の民間人と変わらないのである。

現職自衛官からはたびたび、「命令があれば行きます」という言葉を聞いた。それはそれで心強いのだが、逆に「命令があっても行きません」と言うことはできないだろう。もちろん一人で飛び出して行けと言うつもりはない。命令は上、最終的には内閣総理大臣の責任で下るものであり、私が求めているのは、拉致問題が少なくとも本来自分たちの責任を持つべきことであって、それができていないのが悔しいという意識なのだ。

さらに極論すれば、自衛官は国防に関心がない。いや、これはまさに極論なのだが、たしかに目の前の個々の仕事についてはみな一所懸命やっているものの、全体としての国の守りとなると、何か他人事のようにすら感じられるときがあるのだ。

たとえば拉致問題なら、工作員が日本に侵入し、日本国内に工作員の拠点やネットワークがあって、日本人を拉致し不法に連れて行くのである。明らかに安全保障問題なのだから、どういうかたちであれ軍隊が関与するのは当然である。本書の主題である漂着船の問題も同様だ。もちろんこれには外交問題などさまざまな要因があるので軍隊だけでやるべしというのではない。少なくとも何らかの役割を担うべきだということだ。

しかし、日本の中にはそれを否定する人間がいまでも少なくない。しかも、何もわからない民間人が言うのならともかく、各自衛隊のトップである幕僚長経験者の中にすら

「拉致問題は警察の仕事」と言ってはばからない人すらいる。

私自身、元将官クラスの人となかば怒鳴り合いになったこともあるし、元自衛官の国会議員が自衛隊による拉致被害者救出はできないと、法律論を延々と述べているのを横で見ていて呆れたこともある。「こういう人たちは、何のために自衛官になったのだろう」と思ったことも一度や二度ではない。

こう言うと「いまの憲法に問題があるのだから、それを変えなければ拉致問題は解決しない」という答えが返ってくるかもしれない。たしかにいまの憲法に問題があることは間違いない。しかし安倍政権がやろうとしている憲法改正は自衛隊を明記するだけのことであって、役割や権限は変えないと、総理自身が言っている。ならば大騒ぎして憲法を変えても自衛隊による拉致被害者の救出などできないではないか。

「一度変えてしまえば、また変えられるようになる」という意見があるかもしれない。しかし安倍政権でできる憲法改正は、成功しても一回だけだろう。その後さらに変えようという総理大臣が出てくる保証もなく、それができたとしても、それから準備して拉致被害者を救出しに行く頃には本人も家族もみな死に絶えているはずだ。

安倍総理はトランプ大統領に米朝首脳会談で拉致を取り上げるよう求めてきた。その見返りとして日本はイージスアショア、水陸両用車、オスプレイなど、あまり役に立ちそうにない米国の兵器を購入することにしている。

これらを導入することについて現場の要求はほとんど考慮されず、政治的な理由で決まっているのである。イージスアショアだけで数千億円の買い物だが、表に出ている金額にはその後のメンテナンス料が含まれていない。そして専門家によれば、イージスアショアでは平成二十九年（二〇一七）北朝鮮が打ち上げたロフテッド軌道の弾道ミサイルには対処できないそうだ。

それでも、ないよりはあったほうがいいだろう。しかし限りある防衛費の中でこんなものに金を使っていたら、本来の国の守りができなくなる。

漂着船はほとんどが日本海の海岸に着いてから発見されている。由利本荘も松前小島も、そしておそらく青森の佐井村の船からも、誰にも発見されることなく北朝鮮の人間が上陸しているのである。

昭和二十年代から工作船は日本海を自由に行き来してきた。そして多数の日本国民を拉致したり、日本の主権を侵害したりしてきたのである。実際に起こっている主権侵害には何も対処せず、まだ起きていない被害への守り（それも役に立つかどうかもわからないもの）のために膨大な予算をかけるというのは、どう考えてもおかしいのではないか。イージスアショアにかける予算の半分でもあれば、本書で述べているさまざまな問題への対処は格段に進み、国民の安全はかなり高まると思うのだが。

三万四千キロの海岸線を「専守防衛」は不可能

もともと、この国の国防は基本方針自体が欺瞞の塊《かたまり》である。「専守防衛」というが、延べ三万五千キロ、北方領土を除いても三万四千キロの長大な海岸線をどうやって「専守防衛」で守るというのだろう。できるわけがないではないか。

昔から北朝鮮工作員にとって日本に侵入するのは「メシを食ってトイレに行く程度のこと」と言われていた。能力の劣る工作員が日本への侵入に使われるという話もあった。そんなふうにして何十年ものあいだ好き放題にされ、国民を拉致されていて、何の専守防衛か。さんざんヒットを打たれて、得点されながら、漫然と「守備」を続けているだけではないか。

政府は専守防衛を補うかたちで「米軍が矛《ほこ》、自衛隊が盾《たて》」と言ってきた。これこそ文字どおりの「矛盾」である。憲法前文には「平和を愛する諸国民の公正と信義に信頼して」と書いてある。そのとおりなら「矛」はあってはいけないはずだ。

憲法九条二項の「陸海空軍その他の戦力は、これを保持しない。国の交戦権は、これを認めない」というのは、「自分は手を汚せないから、汚い仕事はアメリカにやってもらう」という意味なのか。それでは保護国に甘んじるということであり、保護しないと言われてしまえばお手上げということではないか。

他国がいなければなりたたない国防というのは「国」防ではない。それ自体が言語矛盾である（省への昇格のとき「国防省」ではなく「防衛省」にしたのはそういう意味があったのかもしれない）。もちろん、北朝鮮の工作船や、木造船に乗ってくる武装難民を米軍が排除してくれるわけではない。

主権回復後今日まで、日本の国防の基本は間違っていた。他国を信頼して安全を委ねる、軍隊を持たないというファンタジーと虚構は、もともとは日本を二度と歯向かわせたくないという米国の意図によるものである。

しかし占領が終わっても延々とそれを続け、虚構をごまかすために自警団の親分のような名前を使い、駆逐艦を護衛艦、大佐を一佐と言い換えてきたのがわが国である。もちろんその矛盾をカバーするために自衛隊の内外でさまざまな人々が血のにじむような努力をしてきたことは忘れてはならないが。

自衛隊が合憲だというなら、憲法九条二項の冒頭「前項の目的を達するため」という芦田修正をもって閣議決定で解釈改憲をしてしまえば事足りる。自衛のためなら軍備も持てるし戦争もできるということだ。独立国なのだから、あたり前の話である。あとは総選挙で信を問えば十分だ。そもそもきわめて改正のハードルの高い憲法を、細かい条文まで杓子定規に適用していたら国がやっていけるはずがない。

日本人は理念的なことを考えるのが苦手ということか、憲法のような基本方針は守る（とりあえず形式上は、だが）のは得意でも、作るのは苦手だ。さらにそれを直すのは不得手中の不得手である。帝国憲法も一度の改正もされなかった。

特に、形式的には国家と国家が合併した日韓併合のときも、帝国憲法には変更がなされなかった。行政機関として設けた朝鮮総督府は通常であれば一国の政府に匹敵する組織である。しかし帝国憲法には一行たりとも総督府については書かれていなかった。いくら「不磨《ふま》の大典」とはいっても常識的には考えられないことだ。

逆にいえば、それでも総督府の統治はできたのであり、現代に当てはめれば憲法に明記しようがしまいが自衛隊は軍として存在しうるということだし、現実に存在していることは誰でも認めざるをえないだろう。

いまの憲法をどう思っているかは別として、「憲法違反だから自衛隊はなくすべきだ」と本当に思っている国民は、極左を別にすればほとんどいないだろう。さすがにこの時代、軍事力を持っていることは当たり前と認識している人が大半だと思う。

「報復」できなければ国家は守れない

昭和四十三年（一九六八）一月二十一日、韓国の朴正熙《パクチョンヒ》大統領暗殺を命じられた北朝鮮人民軍の特殊部隊員三十一名が南北戦争の事実上の国境、休戦ラインを越えて韓国に入り、ソウルの大統領官邸の後背にある北岳山《プガクサン》まで迫った。

このときは襲撃実行前に発覚し、二十九名が射殺、一人が生け捕りにされ、一人は北朝鮮に逃げ帰る。逮捕された人民軍少尉・金新朝《キムシンジョ》が記者会見の場で「浸透目的は何か」と質問され「パクチョンヒ・モガジ・タロ・ワッスダ（朴正熙の首を取りにきた）」と北朝鮮訛りで語ったのは有名な話である。

さらに同年十月から十一月にかけて、北朝鮮は百二十名のゲリラを日本海側の海岸に侵入させ破壊工作を行なった。その一部は山中の家に乗り込み、家族を斬殺している。その中には「共産党は嫌いだ」といったために殺された小学校二年生の男児、李承福《イスンボク》もいた。

これらの事件は朝鮮戦争休戦から十五年、まだその記憶が生々しいときであり、韓国民に与えたショックは大きかった。これに対して韓国が行なったのが、逆に北朝鮮にゲリラを送り込み破壊活動をする「Tit for tat（しっぺい返し）」という対応だった。

そのために作られた特殊部隊の一つが、後に映画『シルミド』の題材となった空軍の684部隊である。あの映画自体はかなり意図的な創作部分が入っているが、部隊が存在したことは事実である。

送られた特殊部隊、いわゆる「北派工作員」は七千七百二十六名が帰ってこなかったという。送り込まれた人数は定かでないが、おそらく大半が未帰還だったのだろう。韓国はその犠牲をもって国を守ったのである。休戦ラインからソウルまでは最短四十キロという近さであり（平壌までは約二百キロ）、その休戦ラインは延長二百五十キロ、東京・浜松間に匹敵する。

攻撃する側は自由にその場所を選択できるが、守る側は完全にしようとすればすべてに目を光らせて、どこからきても対応できるようにしなければならない。専守防衛とか、米国が守ってくれるなどという夢物語では絶対に守れない現実がここにある。

やられたらやり返すしかないのであり、その姿勢こそが北朝鮮に恐怖感を与え、昭和四十七年（一九七二）の南北共同宣言へと至る話し合い路線へと転じさせたのである。

たしかに韓国の国防は米軍の存在なしにはなりたたなかった。しかし当時の朴正熙政権はそれが永遠・絶対的なものだとは思っていなかった。実際、在韓米軍撤退を選挙公約にしたジミー・カーターが昭和五十二年（一九七七）大統領に就任すると、その懸念は一層現実的なものとなった。

韓国は、結果的には米国に止められたが、抑止力を確保するために核兵器の開発も試みた。また、独裁として悪名高き「維新体制」によって国内の批判を押さえ、重化学工業、とりわけ軍需工業の育成を図って自主防衛の体制を築いていった。ともかく当時の韓国は必死だったのだ。

米国依存という点ではある意味、日本も韓国も似た部分がある。しかし、その真剣さにおいて日本は当時の朴正熙政権に遠く及ばない。当時の韓国は南ベトナムから米軍が撤退し、共産化されていくのを目の当たりにしているのだ。

トップ人事から見えてくる安全保障軽視

米国の保護国に甘んじ、その根源である憲法を守り、しかしそれだけですませるわけにはいかないので「自衛隊」という中途半端な「行政機関」（しかも最初は「警察予備隊」というさらに情けない名前だった）を設けて、「戦力ではない」というごまかしを続けてきたのがこの国だ。

昭和三十年（一九五五）から始まる自社両党による「五十五年体制」、さらに安保改定が終わり岸信介政権が退陣して社会党から民社党が別れたあとの「六十年体制」、自民党と社会党の「表面対立・裏でなれ合い」の政治は、このごまかしを維持するには最高の組み合わせだった。

自民党はもともと憲法改正を党是としていたはずだが、社会党がいるおかげで保守層に対しては「憲法を改正したいが、社会党など反対する政党が三分の一以上をとっているのでいまはできない。だから憲法改正を実現するために票が欲しい」と言い続ければよかった（それもしだいに言わなくなったが）。

社会党は社会党で自民党政権が続くこと（言い方を変えれば米国が守ってくれること）が前提で、それに表面だけ反対することで野党第一党という立場に安住することができた。その意味からすれば、自民党は右を、社会党は左を欺いてきたともいえるだろう。

ついでにいえば、そのような擬似連合政権だったからこそ、細川非自民連立の政権と羽田政権で権力の座から引きずり降ろされた後、平成六年（一九九四）になっていきなり自社さ連立政権である村山内閣ができたのである。あのとき自民党からも社会党からもほとんど離脱者が出なかったことが、その証明でもある。

しかし、政権党が代わっても総理が誰になっても、自衛隊が軍隊であることは戦後一貫して否定されてきた。

歴代の防衛庁長官の名前の中に、金丸信、加藤紘一、山崎拓といった親北朝鮮派の大物がおり、一方で後に総理大臣になった人間が中曽根康弘以外にはわずか二か月で首相を辞任した宇野宗佑しかいないのが、すべてを物語っている。

要は、「軍事」は徹底して日陰の存在でなければならなかったのだ。防衛庁長官は格下の伴食大臣であり、大物あるいは本気で国防を考える人間はごく一部しか任命されなかった。そしてそのいびつな体制の中で、拉致が行なわれ、工作員が好き勝手に出入りし、気づいたらそこらじゅうに木造船が漂着して人が上陸していたのである。

拉致被害者救出には自衛隊の力が不可欠

さて、国家にとって武力はその存続のために必要不可欠である。それは国家がみずから立つための精神的支柱でもある。最後は戦って同胞と国土を、そして歴史を守る覚悟がなければそれは国家ではない。

そこに必要なのは、行政機関としての「自衛隊」ではなく「国軍」である。そして軍としての栄誉は生命をもって裏打ちされたものでなければならない。

あえていうが憲法は関係ない。軍は憲法以前の存在である。もし本気でいまの憲法のとおりにするのであれば、自衛隊も日米安保もあってはいけないはずだ。「明記」などというごまかしですむ話ではない。現実問題として軍事力が必要というのなら、自衛隊ではなく軍隊であるのが当然だろう。

北朝鮮は強そうに見えて、きわめて怖がりの国である。ブッシュ・ジュニア政権のとき「悪の枢軸、イラン・イラク・北朝鮮」と名指しされたことに怯えて、金正日《キムジョンイル》は日本との交渉に逃げ、道を探り、拉致を認めて五人を返した。

トランプ政権が強硬だったとき、金正恩は話し合いに応じた。北朝鮮にとっては力がすべてなのだ。だから力の裏付けのない交渉では何の意味もないし、日本がいざとなれば戦う姿勢を見せたとき北朝鮮の姿勢はおそらく急変する。

たとえば、これは荒谷卓・陸自初代特殊作戦群長のアイデアだが、日朝交渉に制服自衛官が参加することだけでも効果を見せるはずだ。それ以外でも、自衛隊は情報収集にはいくらでも使えるし、体制急変時に邦人保護の活動ができるのは自衛隊しかおらず、その準備はすぐにでも始めるべきだ。

北朝鮮の通常兵器はたまに船を沈めたり島に砲弾を撃ち込むなど、脅かし以上には使えない。いまの北朝鮮に全面的な戦争をする能力はない。海岸線の防備など問題外だし、北朝鮮の海軍に至っては、大東亜戦争どころか日露戦争当時の連合艦隊があればことごとく海の藻屑となるだろう。

国民を餓死させる貧乏国家が核・ミサイルに資源を投入したら通常兵力がどうなるか、素人でも想像がつくではないか。

もう一つ書いておきたい。どんなに米国に期待しても拉致被害者は帰ってこない。もちろん漂着船のことなどやってくれるはずがない。

福井義高・青山学院大教授が指摘しているが、米国は国家の命令でベトナム戦争に送って捕虜になった兵士を見捨てる国なのである。しかも、その首謀者はベトナム戦争の捕虜としてヒーローになり、共和党の大統領候補になったジョン・マケインなのだ。日本に（いや、これはどの国でも同じなのだが）参考書はあっても教科書はなく、友人はいても保護者はいないという、当たり前のことを再認識すべきである。

拉致問題でいまの状況が続くのは「現状維持」ではない。残り時間がなくなっているということだ。平成二十六年（二〇一四）五月に日朝両国で交わした「ストックホルム合意」がいまでも続いているとか、トランプに頼んで金正恩に話してもらうなどという情けない手段に頼り（それも、もはやほとんど望みは絶たれている）、それでも軍を拉致問題に一切使わないというのは、被害者を見捨てることと何の違いもないのである。この点は漂着船の問題も同様だが。

日本人は何をすべきか

拉致の被害はすでに起きている。漂着船の問題はまさにいま直面している問題だ。そして難民問題はこれから起きる。そして、いまのままでは何も対処できず、政府がやるのは問題が起きていないかのように装うことだけだ。

四半世紀前に政府が行なった難民対処シミュレーションについて国民はほとんど誰も知らない。現状についても準備は進んでいると思いたいが、いずれにしても国民にとってはほとんど寝耳に水だろう。聞けばおそらくパニックになる。だから明らかにできないのだ。

一方、拉致問題も難民問題も北朝鮮の体制の根本に起因することであり、いうまでもなく国交正常化などで解決できる問題ではない。

たとえば北朝鮮の中の反政府勢力が拉致をしているというなら、北朝鮮政府と信頼関係を築いて取り締まってもらうということも可能だろう。しかし拉致は北朝鮮の体制そのものが行なってきたことだ。

同様に現在の漂着船問題と、その先の難民問題も、これらへの最終的な対処は北朝鮮の体制自体を変えるものでなければならない。

日本は漂着船問題をきっかけに、北朝鮮の中に手を入れてゆくための情報収集を行なうべきである。要は北朝鮮に対して受け身でなく、こちらから仕掛けていかなければならないということだ。

これまで日本では「国防」とすら言わなかった。だから本来「国防省」であるはずの役所は「防衛省」である。軍隊は「自衛隊」という名前でその存在を矮小化されている。

しかし国防は、ただやってくるものに対処するのではなく、みずから外に影響を及ぼすことが必要不可欠である。その意味で拉致問題と漂着船の問題についても、守りはもちろんするとして、積極的な北朝鮮への働きかけ（そこには軍事的な威嚇や報復も含む）がなければならない。

そうしなければ、自国を守ることもできないのである。

おわりに

北朝鮮船に、正面から備えなければなりません。それも安全保障面、拉致被害者救出から治安、防疫などさまざまな側面から備えなければならず、各官庁がバラバラにやっていたのでは対処できません。何もしていないわけではないでしょうが、国民が知らないのではいざというとき下手をすると国が分裂しかねません。

もちろん言うは易く、行なうは難いことです。手順を追ってやっていたら、絶対に間に合いません。最後にもう一度何が問題で、どうすべきか、私たち民間にいる人間が何をしなければならないかについて、書いてみたいと思います。

いまの法律に基づいて行なわれる行政で対応できなくなるのはどういう状況でしょう。

近年とりわけ日本で頻発している台風・地震・津波などの自然災害を考えると、人間の力には限りがあることを実感します。津波でビルが流され、地震で山肌が削られる様子を見て、近代文明のはかなさを感じた人も少なくないと思います。

北朝鮮船の場合は人為的なものです。荒天で遭難した船もあるにせよ、あんな木造船を漁に出させること自体が人災です。それでも一隻や二隻なら遺体が載っていたにせよ生きた人間がいたにせよ、対応はいまの枠組みでも可能でしょう。

しかし量が増えれば質も変化します。平成二十九年（二〇一七）十一月から三十年二月にかけての集中的な漂着着岸は、述べてきたように政府機関が、意図的かどうかは別として隠蔽し、マスコミが一部しか報じないから大きな問題になっていないだけなのです。もし東京湾か瀬戸内海に百隻を超える木造船、七十体を超える遺体が着岸したらどうなるか、想像してみて下さい。

本書で書いてきたように、私たちが気づかないうちに間違いなく生きた人間が上陸しており、彼らはやがて何かを起こすでしょう。気づいたときには収拾がつかなくなっているかもしれません。

これは脅かしではありません。この間のたび重なる自然災害で「あってはならないこと」が起きるのを実感した私たちは、もう少し想像力をめぐらしてみる必要があります。憲法が戦争を放棄しても、戦争は日本を放棄しないのです。

すでに述べてきたように、日本海岸への上陸には完璧を期すなら工作員を専用の輸送手段で送り込む必要があります。実際これは何十年ものあいだ、その大部分が発見されずに成功してきました。それはこれからもいくらでもできます。しかし、工作員でなくても、一部が死んでもかまわないということなら、あの木造船ですら侵入は十分に可能です。特別な訓練をしなくても相当な数の人間を発見されずに上陸させられます。

さらに、もし上陸地点で受け入れ体制があるなら短時間で内陸部に送り込むことも可能です。特別な機器は必要ありません。使い方を教えて連絡先を入れたスマホを渡せば充分に連絡はとれるでしょう。

これへの対処は、まず海岸での警戒監視ということになります。確認された工作員の上陸地点と漂着地点はかなり重なりますから、まずはすでに漂着の多かった地域を重点にして木造船を使っての侵入、あるいは難民漂着に備える必要があります。

具体的には、たとえば以下のような対策です。

①監視をしやすい場所に哨所《しょうしょ》を設置して、車輌によるパトロールとあわせ民間警備会社による警戒を行なう。

②可能な地域から海岸に監視カメラを設置し、県警本部などで常時監視を行なう。
③沿岸自治体・警察・海上保安庁・自衛隊・地域住民の連絡組織を作って警戒を行なう（これは一部行なわれているところもあるのでその地域をモデルにして）。異常が認められた場合はただちに警察・海上保安庁・自衛隊・入管・自治体・そして住民に情報が共有されるような連携システムを構築する。
④上陸した可能性のある場合、内陸部にも情報を共有し住民も含めた危機管理対策をとる。
⑤武装難民が入ってくることを前提に、警職法での対処を越える場合に速やかな対応ができるよう制度を変える。

そのような密入国の延長線上に難民問題があります。由利本荘や松前小島の乗組員と異なり、この人たちの多くは「日本に残りたい」という意思表示をします（ひょっとしたら由利本荘や松前小島の乗組員にも、そういう人間がいたかもしれませんが）。

拉致被害者なら受け入れるのは当然ですが、現在日本政府が受け入れている日本縁故者、すなわち在日朝鮮人帰国者やその日本人家族、子孫なども日本で定住させる以外の選択肢はありません。難民の問題については本書の「第3章　難民パニック」で書いたもので問題はだいたい網羅されていると思いますが、具体的に対応を進めるとなると大変です。

そもそも上陸者の収容というのは、基本的にやってくる人間が従順であることを前提にしています。しかしそうではなく最初から網をかいくぐってしまう人間、由利本荘の「あと二人」とか、佐井村の漂着船に乗っていたような人間が私たちの隣りにいるかもしれないという前提で対処を進めなければなりません。

しかし、漂着船が急増し生きた人間が上陸するという状況は決してマイナスだけではありません。

まず生きた人間は情報の宝庫であるということです。もともと北朝鮮の生《なま》の情報はそう簡単に入手できるものではありません。韓国の脱北者もピンからキリまでいて、詐欺まがいのことをする人間もいます。偽情報を流す人間もいます。韓国政府も自分たちの都合で情報を操作します。

ですが、北朝鮮の人間が向こうから日本にやってきてくれるのは、まさに鴨がネギを背負ってくるようなものです。

拉致被害者のことを直接知っていればいちばん良いし、何も知らなかったとしても自分の住んでいた地域のどこに何があるかを話させるだけでも貴重な情報になります。「ここは一般人は入れなかった」とか「ここは軍の施設」とかいったことがわかれば、拉致被害者のいる場所を絞り込んでいけるのです。社会のシステムなどもわかればきわめて立体的に北朝鮮を知ることができ、漂着船への対処などももっと進めることができます。ただし、これをやるにはまず政府に拉致問題を進展させるという明確な目標がなくてはなりません。さらに聞き取りをする人間の熟練が必要です。

本当なら拉致問題対策本部に専門の要員を配置し、上陸者がいたときは入管・海上保安庁・警察とは別に長時間にわたる聞き取りをし、複数で上陸した場合は一人ひとりをバラバラにして、それぞれの人間の話の矛盾を突き、口裏合わせができないようにしなければなりません。

現在の拉致問題対策本部で朝鮮語のできるスタッフはごくわずかです。態勢自体も大幅に変える必要があります。そして入ってきた情報を一か所で集積し、どこに何があるかを調べていけば、拉致被害者のいる場所も置かれている状況も明らかにするのにそれほどの時間はかからないはずです。

そして取り調べを終えた上陸者で帰国を希望する人間には、「帰国してから日本に情報を送れば相応の利益を提供する」と繰り返し伝えることです。

特定失踪者問題調査会で流している対北放送「しおかぜ」や日本政府の「ふるさとの風」を聞くこと、拉致被害者に関する情報があれば、それを何らかの方法で伝えれば金銭的な報酬ないし身柄の保障をすると言い含めて返すのです。

もちろん彼らは北朝鮮で取り調べを受け監視されるでしょうが、頭の中に残ってさえ入れば、情勢が変われば動いてくれる可能性があります。さんざんやられている工作活動を、こちらから少しやり返すというだけのことです。

難民問題はどうしても危機として論じなければならないのですが、これを受け身でやっていたら絶対に対応できないのと表裏一体で、積極的な対処ができれば日本にとって負担を上回る利益が得られるでしょう。

そして難民がやってくる状態というのは、北朝鮮の内部が混乱して海岸や船の管理ができなくなってきたことの証明です。難民の中に一般社会に出た拉致被害者がいる可能性もあります。前述の上陸者同様、やってきた難民から北朝鮮の情報を得ることもできます。拉致被害者自身の消息でなくても、救出という意味ではきわめて貴重な情報です。もう一度書きます。北朝鮮は「海の向こう」ではなく「対岸」です。人はやってきます。止めることはできないと覚悟しなければなりません。

そのうえで、起こりうる事態を、拉致被害者救出をはじめ私たちにとってプラスになるようにできるかが問題なのです。その覚悟ができたとき、北朝鮮が「対岸」であることは絶好の条件となるでしょう。

最後に本書の出版にあたっては草思社編集部の増田敦子さんと碇高明さんに大変お世話になりました。この場をお借りして御礼申し上げます。

平成三十年十一月

筆者

9月27日 石川県志賀町大島海水浴場／木造船の一部（舵の軸を挿入する金属管あり）
10月5日 北海道苫前郡羽幌町焼尻島白浜付近海岸岩場／木造船（長さ約10.6メートル幅約2.4メートル　船体に赤色で数字とハングル表示
10月14日 新潟県新潟市沖／木造船（11月1日新潟港に引き上げ）・遺体1体

2月21日 石川県輪島市門前町鹿磯漁港付近砂浜／木造船の一部（平底部長さ3.81メートル幅1.83メートル　左舷側一部が残る　スクリュー軸受け部金属を確認）
2月22日 石川県輪島市深見町／木造船（全長10メートル幅2.65メートル　船尾にスクリュー）
2月24日 秋田県能代市浅内字砂山海岸　能代ロケット実験場南西約5キロ遺体（北朝鮮との関連不明、一部白骨化した男性、身長約1.65メートル、着衣や履き物はなかった）
3月6日 石川県輪島市名舟海岸／木造船の一部（全長4.5メートル幅2.2メートル　遺留品は見つからず）
3月10日 石川県羽咋郡志賀町大島（おしま）漁港南側／木造船の一部（最大長5.2メートル　赤い数字「5129-61247」　船首に日本製ゴムタイヤを使った緩衝材）
3月12日 石川県羽咋郡志賀町安部屋海岸／ハングルと数字の書かれた木製標識・人民軍軍帽・救命浮輪
3月13日 石川県金沢市内灘海岸／木造船の一部（船首部分　長さ2.1メートルコールタールのような塗料・判読できない文字が表記）
3月27日 青森県下北郡佐井村大字長後牛滝漁港沖（推定年齢50歳代～60歳代、下半身なし全長0.9メートル、着衣及び所持品なし、死後おおよそ半年ないし1、2年前後が経過していると推定、死因不詳、定置網内にて発見
4月17日 石川県珠洲市能登町布浦（ぬのうら）海岸／木造船（長さ6.1メートル、幅1.7メートル深さ0.8メートル　船体にハングルや数字が記載）
5月16日 北海道爾志郡乙部町／木造船の一部
5月31日 青森県中泊町小泊漁港付近／木造船
7月11日 石川県羽咋郡志賀町千鳥ヶ浜海岸／木造船（砂に半分埋まり見える範囲が全長3.5メートル幅1.8メートル）コールタールで塗装
7月11日 北海道松前郡松前町白神岬海岸から50メートルの岩場／木造船（長さ約8メートル）
9月 青森県東津軽郡外ヶ浜町／木造船（長さ約8.5メートル　船尾に「元山」エンジンが残りスクリューも着いたまま。黄色い子供服の背にロープが結ばれ、ロープのもう一方は船体につながれていた）
9月4日 青森県北津軽郡中泊町小泊漁港沖／木造船（長さ約15メートル　船首部分に白色で「556-61536」と表記され、船尾部分などが損壊。漁具とみられるロープなど　エンジンとスクリューを結ぶパイプに布きれが詰め込まれていた。漂流する前からエンジンや燃料タンクが外されていたと考えられる。エンジンルームは居住空間に改装され、シャツや長靴、手袋が残されていた）
9月20日 北海道檜山郡上ノ国町トド川河口／木造船。「598-64800」の記載あり

2月1日 石川県輪島市舳倉島／遺体1体（年齢・性別不詳の白骨死体、死後5か月以上経過と推定）

2月2日 石川県金沢港北西約64キロ沖／木造船。船体に文字や数字とみられる表記）

2月2日 秋田県由利本荘市出戸字浜山の海岸（西目漁港北東1キロ）／木造船の一部（長さ4.5メートル幅約2.7メートル　船体に赤い字で「556-60269」と記載）

2月4日 秋田県由利本荘市親川河口付近／木造船の一部（長さ約5.4メートル幅約1.9メートル　赤い数字のような文字が記載）

2月7日 石川県輪島市名舟町海岸／木造船（長さ約5メートル幅約2メートル「760-75200」と船体に記載）

2月9日 石川県かほく市白尾海岸／木造船（船体に番号表記）

2月10日 石川県羽咋郡志賀町／木造船2隻（1隻は海士埼灯台北500メートル、長さ約12メートル幅約2メートル　船首部分に「505-64271」の番号記載があり1日に金沢港沖で発見された漂流船と思われる。もう1隻は同灯台北約200メートル、長さ約5.4メートル幅1.5メートル　船尾破損　文字番号等記載なし）

2月11日 石川県加賀市美岬町漁協加賀支所から400メートル海岸／木造船（長さ約18メートル幅約5メートル　船首右舷に「504-66272」と記載）

2月13日 石川県羽咋市一ノ宮町一ノ宮海岸／木造船（長さ約7メートル幅約1.85メートル）

2月13日 石川県輪島市門前町池田海岸／木造船（長さ約4.35メートル幅約1.08メートル　船体にハングルと番号表記）

2月13日 石川県羽咋郡志賀町西海千ノ浦海士埼／木造船（長さ約5.6メートル幅約1.4メートル　船首と船尾にハングルと番号表記）

2月13日 秋田県男鹿市野石字五明光／木造船（長さ約10.1メートル幅約2.1メートル高さ1メートル　船内にエンジンと漁網を巻き上げる機械　船体に「29488」とハングルの記載）

2月13日 石川県羽咋郡志賀町富来七海／遺体1体（年齢不詳北朝鮮人以外の可能性もある女性、残存身長154ｃｍ、着衣は上衣オレンジ色ライフジャケット、紫色ジャンパー、黒色長袖シャツ、黄土色半袖セーター、ピンク色ブラジャー、下衣黒色ズボン、赤色パンツ、黒色靴下、所持品なし、推定死亡日時は平成29年11月から12月頃、死因は溺死）

2月15日 石川県羽咋郡志賀町百浦／木造船（長さ9.7メートル幅約2.19メートル　スクリューとエンジンあり）

2月20日 石川県金沢市金沢港北西20キロ沖／木造船（長さ約6メートル幅約1.5メートル　船首に「4233」の記載）

2月21日 石川県輪島市塚田長塚田橋付近の岩場／木造船（長さ5.75メートル幅1.83メートル　無動力船）

1月8日 秋田県男鹿市野石申川海岸若美漁港南1キロメートル砂浜／木造船の一部（長さ約7メートル幅約1.9メートル、船底とエンジン）

1月10日 石川県金沢市下安原町安原海岸／木造船（長さ16メートル幅高さともに3メートル　船尾にスクリュー　船体にハングルや数字などの標記見つからず、金日成と金正日の並んだバッジ1個）・船から15メートルの所にで下記①の遺体1体、16日船内から②～⑧の7遺体発見、船首付近に4人、真ん中あたりに3人が折り重なるように倒れていた。セーターやトレーナーを着ており目立った外傷はなかった。①推定年齢30歳代から50歳代、残存身長1.54メートル、着衣は黒色ジャンパー、黒色セーター等、所持品は腕時計②推定年齢20歳代から40歳代、残存身長1.70メートル、着衣は黒色半ズボン、青色トランクス、黒色靴下③推定年齢40歳代から50歳代、残存身長1.71メートル、右下腿半ばより末梢が失われ義足、着衣はボーダー柄の長袖Tシャツ、青色ズボン、黒色ズボン、コルセット等④推定年齢50歳代から60歳代、残存身長1.72メートル、着衣は黒色ジャケット、黒色ベスト、黒色ズボン、茶系ズボン等⑤推定年齢20歳代から40歳代、残存身長1.72メートル、着衣は黒系ジャンパー、灰色トレーナー、黒色ジャケット、茶色ズボン等、所持品は腕時計⑥推定年齢40歳代から50歳代、残存身長1.67メートル、着衣は黒色ズボン2着、茶色股引、黒色靴下⑦推定年齢30歳代から50歳代、残存身長1.65メートル、着衣は黒色・灰色セーター、えんじ色半袖Tシャツ、黒色ズボン、茶色ズボン等⑧推定年齢20歳代から40歳代、残存身長1.69メートル、着衣は茶色ズボン、黒色靴下

1月13日 秋田県にかほ市象潟町川袋地内／遺体1体（推定年齢30～40歳代程度、身長約1.60メートル、着衣及び所持品なし　現地調査時近くの家の奥さん「雪の中で鳥が集まってつついていたので何かと思ったら足が突きだしていた」）

1月21日 新潟県粟島八幡神社から200メートルの海岸／木造船の一部（船尾長さ1.2メートル幅1.3メートルのコの字型　赤字でハングル2文字が書かれていた）

1月24日 石川県羽咋郡志賀町西海千ノ浦海岸／木造船（長さ8.15メートル幅1.9メートル高さ1メートル　平底型　船体に白く614という番号記載　コールタールのようなもので塗装、傷み激しく長期間漂流したものと推定　近くに「10465 료대」と書いた木片あり）

1月24日 山形県鶴岡市湯野浜海岸／木造船（長さ5.45メートル幅1.5メートル）

1月28日 石川県羽咋市新保町／木造船（長さ5.871メートル幅1.87メートル　船体に黒い塗料。目立った損傷なし　ハングルと「9-964」の記載）

1月30日 石川県羽咋郡志賀町大津、上野の境界近く／木造船の一部。不鮮明だが「3682370」と白い文字で船体に記載。

1月31日 山形県鶴岡市マリーンパーク鼠ヶ関／木造船の一部

衣は、黒色タートルネックセーター、茶色長袖シャツ、茶色Tシャツ、茶色タンクトップ、茶色パンツ、黒色腹巻、所持品なし）

12月29日 鳥取県鳥取市気高町奥沢見海岸／遺体1体（韓国人の可能性も。年齢40歳前後～50歳前後、身長約1.71メートル、一部白骨化、遺留品は黒色長袖ジャージ、黒色長袖Tシャツ、黒色ズボン下、水色トランクス、黒色靴下、両足首部に青色アンクルウェイト装着、靴下、アンクルウェイト以外の着衣の商品説明タグは全てハングル文字で表記、死亡日時及び死因不明）

12月29日 新潟県新潟市西蒲区越前浜海岸／木造船の一部（長さ3メートル幅1.6メートル高さ1.43メートル　煙突あり）

12月31日 秋田県由利本荘市西目町出戸浜山／遺体1体（年齢30歳～40歳代、身長1.66メートル、オレンジ色救命胴衣、緑色シャツ、フード付きベスト様、黒色ズボン、靴下、パンツ、死亡原因不明、死後数か月と推定）

平成30年（2018）

1月2日 新潟県村上市馬下（まおろし）地先／木造船（長さ10.5メートル幅3.0メートル）

1月4日 秋田県山本郡三種町釜谷浜海水浴場／木造船の一部（長さ約8.1メートル幅約2メートル　船底及びスクリュー）

1月4日 新潟県佐渡市北田野浦／木造船の一部

1月4日 新潟県柏崎市西山町大崎地先海岸／木造船の一部（船尾部分長さ1.9メートル幅1.9メートル）

1月4日 秋田県山本郡三種町釜屋浜海水浴場南側／木造船の一部（船底部分長さ8.1メートル幅2.0メートル）

1月4日 石川県羽咋郡志賀町／遺体1体（推定年齢30歳～50歳位、身長約1.64メートル、着衣は黒色系ジャンパー、赤色ベスト、黒色長袖ベスト、黒色長袖シャツ2着、黒色半袖Tシャツ、ビニール［腰に通されたもの］、こげ茶色長ズボン、黒色長ズボン、黒色パンツ、黒色ベルト、黒色靴下2足着用、所持品はボタン電池10個及びケース、ハングルが記載されたタバコ、腕時計、紙束等、推定死亡日時は平成29年11月頃）

1月5日 新潟県佐渡市相川鹿伏／木造船の一部

1月5日 石川県白山市沖／木造船（長さ約13メートル幅約3.5メートル　船首にハングル）　その後不明

1月6日 秋田県由利本荘市松ヶ崎漁港／木造船の一部（長さ4メートル幅約2メートル　白地に赤の数字）

1月7日 京都府京丹後市網野町／木造船（長さ約10メートル幅約3メートル　ハングルのような文字の書かれた板が付近に漂着）

1月7日 新潟県佐渡市入桑漁港／木造船の一部

1月8日 新潟県新潟市西蒲区間瀬海岸／木造船（長さ約5メートル幅約1.5メートル）

12月21日 新潟東港沖18キロ／木造船

12月21日 新潟県岩船郡粟島浦村釜谷／木造船の一部（縦1.5メートル横1.2メートル）

12月21日 青森県下北郡佐井村沖／木造船（転覆した状態で網にひっかかっていた　船尾に「0- 세・98180　단천」）・遺体4体（佐井村資料には女性もののようなビニールと思われるバッグ、ライフジャケットなどが写っている。バッグの中身はタバコ、タオル、歯ブラシ、書類らしきものなど）

12月22日 にかほ市象潟町小砂川　小砂川漁港付近／木造船の一部（船体側面と思われる木片）

12月23日 石川県羽咋郡志賀町／木造船（長さ約8.4メートル幅約2.2メートル、15日に金沢港沖を漂流していた船と同じ番号が船体に記載）

12月24日 新潟県新潟市　新潟港沖12キロ／木造船（21日のものと同じ可能性あり）

12月24日 山形県鶴岡市油戸海岸油戸南トンネル南側出口付近／大破した木造船・周辺に遺体4体（①年齢性別不詳、死亡時期不明、着衣、所持品はなく、右前腕部外側にハングル文字の刺青があり、上顎前歯に粗製なブリッジ様金具を施した治療痕、一部白骨化②年齢性別不詳、死亡時期不明、黒色ズボン、深緑色ズボン、紺色股引、右足のみ黒色靴下、一部白骨化③年齢性別不詳、死亡時期不明、茶色上衣、茶色の作業着が死体直下に脱げた状態で置かれていた、一部白骨化④年齢性別不詳、死亡時期不明、着衣、所持品はなく、上顎前歯に粗製なブリッヂ様金具を施した治療痕、一部白骨化）

12月24日 山形県酒田市浜中海水浴場周辺／遺体1体（星型マークがバックルに付いた布製ベルト）

12月25日 新潟県佐渡市羽茂大橋／木造船（長さ約10メートル　幅約2.2メートル）

12月25日 新潟県佐渡市水津漁協南240メートル付近海上／遺体1体（推定年齢30歳前後、身長1.65～1.70メートル、一部白骨化、下半身のみ、黒色ズボン、ポケット部分が赤色の黒色ズボン、黒色股引着用、所持金品なし、死後2～3か月程度経過と推定）

12月28日 青森県下北郡佐井村大字長後字長後佐井村漁協長後地区荷捌場付近海岸／木造船・遺体4体（死因は死後変化高度につき不詳①推定年齢30歳代～40歳代前後、身長1.74メートル、着衣は、黒色タートルネックセーター、黒色長袖、茶色タンクトップ、黒色ズボン3本、赤色パンツ、茶色腹巻、黒色靴下片方、所持品なし②推定年齢30歳代～40歳代前後、身長1.60メートル台半ば前後、着衣は、ベルト付黒色ズボン、黒色ズボン、黒色パンツ、黒色靴下、所持品なし③推定年齢40歳代～50歳代前後、身長1.66メートル、着衣は、黒色上着、緑色上衣、緑色長袖、黒色セーター、黒色ベルト、緑色Tシャツ、黒色ズボン、緑色ズボン2本、青色ズボン、赤色パンツ、黒色靴下、所持品胸バッチ④推定年齢40歳代～50歳代前後、身長1.67メートル、着黒色ズボン着用⑤人相不詳、30歳から50歳代程度、身長1.69メートル、黒色ジャケット、黒色及び濃緑色雨衣着用、6人目についての記載は官報にはない)

12月14日 青森県西津軽郡深浦町白神浜/木造船の一部・遺体1体(推定20歳代から30歳代前後、身長1.73メートル、体格中等、着衣及び所持品等なし、死因不詳)

12月14日 新潟県長岡市寺泊郷本海岸/木造船・人骨5本(白骨化した左上腕骨、左橈骨、左尺骨、左脛骨、左腓骨、衣類の切れ端がロープに巻き付いた状態で発見、死亡後数か月から数年前後と推定)

12月14日 新潟県佐渡市鴻ノ瀬鼻沖/木造船(全長約13.5メートル幅約3メートル)

12月14日〜15日 石川県羽咋市志賀町/木造船の一部

12月15日 石川県金沢市金沢港沖/木造船

12月15日 新潟県佐渡市下相川/木造船(長さ約13メートル幅約3メートル岩場で大破したがそれ以前はイカを干すヤグラや集魚灯の一部も残っていた)

12月15日 青森県下北郡佐井村津鼻崎南/木造船(船首に「567-66341」)1週間前の漂流時には船全体の形があったが、その後時化で崩壊し各部分が海岸に漂着)

12月15日 青森県西津軽宮深浦町大字艫作字鍋石(推定40歳代から50歳代前後、身長1.64メートル、体格中等、着衣及び所持品なし、死因不詳)

12月15日 山形県鶴岡市五十川海岸手打ちそば「売虎庵」裏の海岸/遺体1体(付近に長靴や救命胴衣も　年齢不詳、身長1.64メートル、死亡時期不明)

12月16日 石川県羽咋市千里浜インター付近/木造船の一部

12月16日 青森県深浦町田野沢/木造船(「547-66205」と記載)

12月17日 石川県珠洲市/木造船の一部

12月18日 新潟県佐渡市鷲崎沖/木造船

12月18日 山形県鶴岡市湯野浜海岸/木造船(長さ10メートル弱)

12月19日 秋田県にかほ市飛字餅田海岸/木造船・遺体2体

12月19日 石川県羽咋郡志賀町/漂流船(海保は発見できず)

12月19日 石川県輪島市門前町剱地(推定年齢30歳から50歳、頭部、両上肢及び両下肢が欠損し一部白骨化)

12月20日 石川県羽咋郡志賀町　富来漁港(西海漁港)/木造船

12月20日 秋田市新屋町/遺体1体(30歳から50歳代程度、身長1.63メートル、着衣・所持品なし、前脛下部及び上腹部に手術痕あり、高度に死後変化が進行し、眼球なども欠損、死後数か月経過と推定

12月21日 石川県輪島市舳倉島/遺体1体(年齢・性別不詳、頭蓋骨のみ)

12月21日 新潟県佐渡市関岬/木造船(長さ11.6メートル幅2.75メートル船首にハングル表示)

12月12日 青森県西津軽郡深浦町十二湖海浜公園／木造船（「912358」と記載）
12月12日 新潟県佐渡市宿根木／木造船の一部
12月12日 青森県西津軽郡深浦町北金ヶ沢千畳敷橋付近海上／遺体3体（12月4日の漂着船が岩にぶつかって破損し中から流れ出たものと思われる。①推定30歳代から40歳代前後、推定身長1.70メートル前後、体格中等、着衣及び所持品等なし、下腿部脱落、死因不詳②推定50歳代から60歳代前後、身長1.58メートル、体格中等、緑色、「Melnow」と表記されたズボン、紺色、タグ有りの股引､表面が灰色と赤色のチェック柄裏面黒色タグありのパンツ、橙色及び灰色布付き救命胴衣、腹巻の切れ端、所持品はなし、死因は不詳③推定20歳代から40歳代前後、推定身長1.60メートル後半から1.70メートル前後、体格中等、着衣及び所持品等なし、頭部一部欠損、左前腕部脱落、死因は不詳）
このうち①と②については付近住民が、朝起きて自宅の窓から海上模様を見ていたところ、前面の海岸から沖合15メートルの海域に漂流しているところを発見したもの。
12月12日〜13日 石川県羽咋市／木造船の一部
12月13日 山形県遊佐町吹浦西浜海岸周辺／遺体1体
12月13日 山形県鶴岡市鼠ヶ関マリーナ／木造船の一部
12月13日 秋田県潟上市出戸浜海水浴場付近／木造船・遺体2体（①推定年齢50歳から70歳代、身長1.62メートル、紺色カッパ上下、黒色系作業服、長袖トレーナー、タンクトップ、黒色ズボン、ベルト、ジャージズボン、スウェットズボン、ズボン下、パンツ、靴下②推定年齢50歳から70歳代、身長1.63メートル、黒色ジャンパー、長袖トレーナー、ベスト、長袖シャツ、半袖シャツ、腹巻き、ネックウォーマー、ビニールカッパ上下、黒色カッパ下衣、紺色ズボン、黒色ズボン、ズボン下、パンツ、ベルト、スニーカー、靴下）
12月13日 秋田県男鹿市北浦入道崎灯台南約2キロメートル／木造船（長さ7メートル幅1.9メートル）
12月13日 秋田県秋田市浜田／遺体1体（年齢不詳、身長1.76メートル、体格中肉、ノースリーブシャツ、緑色レインウェア下衣、茶色ズボン、黒色ナイロンズボンを着用、オレンジ色ひも1本、白色ウキ1個、ハングル文字が印刷された紙片を所持、死後数か月経過と推定）
12月13日 新潟県村上市瀬波温泉海岸／木造船（「632-90452」と記載）
12月13日 新潟県胎内市松浜海岸／木造船
12月14日 秋田県秋田市雄物川河口近く／木造船2隻・遺体6体（①人相不詳、30歳から50歳代程度、身長1.52メートル、青色セーター、灰色ズボン着用②人相不詳、30歳から50歳代程度、身長1.60メートル、上下黒色雨衣着用③人相不詳、30歳から50歳代程度、身長1.62メートル、上下カーキ色雨衣着用④人相不詳、30歳から50歳代程度、身長1.71メートル、黒色セーター、

〜３か月程度経過）
12月7日 新潟県佐渡市和木沖／木造船・遺体1体
12月7日 福井県坂井市三国町サンセットビーチ／木造船の一部
12月7日 山形県鶴岡市マリーンパーク鼠ヶ関／木造船の一部
12月8日 新潟県佐渡市水津漁港／木造船の一部（幅約2.8メートル）・後に男性の遺体1体発見
12月8日 石川県珠洲市長橋町／木造船の一部（後に流出し2月22日珠洲市大谷町海岸に漂着）
12月8日 にかほ市金浦字赤石赤石浜海水浴場／遺体1体（下半身のみ、12月4日の木造船との関連は不明）
12月8日 新潟県佐渡市北狄／遺体1体（推定年齢50〜60歳前後、身長1.77メートル、全身腐敗、一部屍蠟化、着衣は紺色ズボン、黒色トランクス。所持金品なし、死後1〜2か月前後経過）
12月9日 新潟県佐渡市岩谷口／遺体1体（推定年齢20〜40歳前後、身長1.78メートル、全身腐敗、一部屍蠟化、着衣なし。所持金品なし、死後1〜2か月前後経過）
12月9日 石川県珠洲市笹波町／遺体1体（推定年齢40歳から60歳位、着衣は紺色セーター、所持金品なし、推定死亡年月日平成29年9月頃、死因は溺死と推定）
12月9日 新潟県村上市府屋海岸／木造船
12月9日 新潟県佐渡市岩谷口海岸／遺体1体（推定年齢20〜40歳前後。身長1.78メートル、全身腐敗、一部屍蠟化、着衣なし。所持金品なし、死後1〜2か月前後経過）
12月9日 新潟県佐渡市姫崎沖／遺体1体（推定年齢20〜30歳前後、身長1.71メートル、着衣はサイズXL黒色セーター、灰色ランニングシャツ、黒色ズボン［右前ポケット内に肌色ストッキング］、黒色ベルト［バックル裏面中国語表記］、黒色股引、紺色パンツ、黒色靴下。所持金品なし。死後1〜3か月程度経過）
12月10日 山形県鶴岡市堅苔沢海岸新五十川トンネル北側出口近く／遺体1体（死亡時期不明、紺色長袖タートルネックセーター、紺色Ｖネックセーター、右手のみ黒色手袋、下半身が欠損）
12月10日 新潟県佐渡市石名沖／木造船（幅約3メートル）
12月12日 新潟県柏崎市荒浜／木造船・遺体2体（死亡年月日は発見時から1〜3か月前と推測、死亡場所・死因不明①推定20〜40歳代、身長1.74メートル、着衣上衣黒色長袖セーター、緑色ベスト、黒色半袖Ｔシャツ、白色タンクトップ、下衣緑色ヤッケズボン、黒色ジャージ、黒色ズボン、黒色パンツ②推定20〜40歳代、身長約1.66メートル、着衣上衣なし、下衣緑色ヤッケズボン様、紺色股引、黒色パンツ）
12月12日 新潟県村上市沖／木造船

12月2日 秋田県山本郡八峰町八森岩館／木造船（ハングルの書かれたバケツ）・遺体1体
12月2日 山形県鶴岡市米子漁港／木造船（長さ10メートル弱・大破した状態）・遺体3体（2体は船の近く・1体は米子漁港区域内海面を漂流・2体の衣服に金日成バッジ）
12月3日 青森県西津軽郡深浦町大字追良瀬字塩見山平地内の海岸／遺体1体（推定40～50歳代、身長1.72メートル、着衣及び所持品等なし、死因は不詳）
12月4日 新潟県柏崎市西山町石地付近／木造船の一部
12月4日 新潟県長岡市寺泊大和田／木造船
12月4日 新潟県新潟市西蒲区角田浜沖／木造船
12月4日 山形県鶴岡市鼠ヶ関灯台付近の海上及び海岸／遺体3体（①年齢不詳、身長1.65メートル、死亡時期不明、衣服及び救命胴衣着用、一部白骨化②年齢不詳、身長1.63メートル、死亡時期不明、一部白骨化③年齢不詳、身長1.55メートル前後、死亡時期不明、衣服及び救命胴衣着用、一部白骨化）
12月4日 秋田県にかほ市金浦字赤石赤石浜海水浴場／木造船の一部（大小様々な木片が散乱、ハングルの書かれたバケツ、缶詰）・遺体1体
12月4日 秋田県にかほ市飛（飛のくずれ）／木造船の一部（船底部分と思われる板状の残骸）
12月4日 青森県西津軽郡深浦町北金ヶ沢／木造船（12日に遺体→別記）
12月5日 新潟県佐渡市高千漁港／木造船（幅約3.1メートル）
12月5日 新潟県新潟市／木造船漂流（ブロックに衝突し大破）・遺体2体
12月5日 山形県鶴岡市マリーンパーク鼠ヶ関／木造船の一部
12月5日 青森県西津軽郡深浦町大字風合瀬字砂子川／遺体1体（推定50～60歳代、身長1.67メートル、着衣及び所持品等なし、死因は不詳）
12月6日 青森県西津軽郡深浦町入良川河口付近／木造船（「915430」と記載）
12月7日 秋田県男鹿市五里合漁港北100メートル砂浜／木造船（長さ7.9メートル幅2.1メートル高さ1.2メートル　「913300」と記載）・遺体2体（野石字五明光砂浜）
12月7日 秋田県山本郡三種町／木造船1隻（ハングル表記のライフジャケット）
12月7日 秋田県秋田市向浜沖／遺体1体（男性、年齢30～50歳代、身長1.62メートル、黒色フード付ジャンパー、黒色柄付セーター、ハングル文字が表示された黒色ベルト付迷彩柄ズボンを着用、オレンジ色救命浮環を体に装着）
12月7日 新潟県佐渡市北狄（きたえびす）海岸／木造船（長さ15メートル幅3メートル高さ2メートル）・遺体1体（推定年齢20～30歳前後。身長1.71メートル、着衣はサイズXLの黒色セーター、灰色ランニングシャツ、右前ポケット内に肌色ストッキングの入った黒色ズボン、バックル裏面中国語表記の黒色ベルト、黒色股引、紺色パンツ、黒色靴下。所持金品なし、死後1

身長1.64メートル、黒色トレーナー、黒色シャツ、灰色ランニングシャツ、黒色ネックウオーマー、黒色ズボン2着、黒色パンツ、黒色靴下⑥推定30歳から50歳代、身長1.70メートル、黒色ボタンシャツ、黒色ジャケット、黒色セーター、黒色シャツ、黒色ランニングシャツ、黒色ズボン2着、黒色パンツ、黒色靴下、男性が描かれたバッジ1個、白色チューブ様容器1個、紫色ライター1個⑦推定20歳から40歳代、身長1.63メートル、灰色シャツ、灰色ランニングシャツ、救命胴衣様のオレンジ色布、迷彩柄ズボン、茶色ズボン、灰色ズボン、黒色ズボン、黒色パンツ、黒色靴下［片方］、手袋⑧推定30歳から50歳代、身長1.55メートル、茶色ズボン、黒色ズボン、黒色ショートパンツ、赤色パンツ、黒色靴下）

11月26日 北海道松前郡松前町小浜　木造船の一部（船首部分長さ4メートル黒く塗られ数字のようなもの記載）

11月26ないし27日 青森県西津軽郡深浦町艫作（へなし）椿山展望台西／木造船（船首部分に「2093」の数字が記載）

11月27日 石川県羽咋郡志賀町西海／木造船の一部

11月27日 石川県羽咋市／木造船

11月27日 石川県珠洲市三崎町小泊沖／漂流船（長さ12メートル幅2.5メートル　船内に「264軍部隊　軍船」と記載された紙片）

11月27日 青森県下北郡佐井村／木造船（長さ12.3メートル幅3.6メートル船首に115489　エンジン付き　後部は一部破損するも櫓はほぼ原形）　サイズ24センチ男物革靴（ヒールの高いシークレットブーツ様のもの）と英文の書かれたジャケット

11月28日 北海道松前郡松前町松前小島／木造船（長さ約10メートル　「朝鮮人民軍第854部隊」との記載）・生存者10名

11月28日 石川県輪島市舳倉島沖／漂流船2隻　11月30日、乗組員21名が北朝鮮僚船に救助される

11月30日 新潟県佐渡市藻浦崎／遺体2体（死後約1～3か月前後経過①推定年齢20～40歳前後、身長約1.64メートル、着衣は黒色ゴムひも、赤色ボクサーパンツ②推定年齢20～40歳前後。身長約1.64メートル、着衣は黒色ゴムひも、赤色ボクサーパンツ。所持金品なし）

12月1日 青森県西津軽郡深浦町森山海岸／木造船（長さ約10メートル幅約2.4メートル）

12月1日 新潟県佐渡市両津湾／木造船

12月1日 山形県鶴岡市鼠ヶ関マリーナ／木造船の一部

12月2日 新潟県佐渡市小木江積海岸／木造船（長さ約9.8メートル幅約2.3メートル）・遺体2体（死後約1～3か月前後経過①推定年齢40～50歳前後、身長約1.80メートル、着衣は茶色ジャンパー、青色ハイネックセーター、灰色長袖シャツ、半袖シャツ②推定年齢30～40歳前後、身長約1.62メートル、着衣なし）

ングル表記

11月20日 青森県西津軽郡深浦町大間越／木造船（長さ12.6メートル「913185」の数字記載。スクリューやエンジンが残っていた）周辺で救命胴衣6個発見

11月21日 山形県鶴岡市暮坪海岸鈴漁港と暮坪漁港の間お食事処「浜屋」南側／木造船（長さ約10メートル） 船体にハングルや「89829」の数字が記載

11月23日 新潟県佐渡市南片辺／木造船（長さ約10メートル幅約2メートル船体にハングルと数字が記載 エンジン 周辺から漁網やイカ釣り針、防寒具など）

11月23日 秋田県由利本荘市マリーナ／木造船（長さ20メートル） プレートにハングルで「チョンジン」と記載。生存者8名 内2名が近くの民家に行ってインターフォンを鳴らしたことで上陸がわかる（したがって検疫を受けずに上陸した）。証拠品である船はマリーナに係留していたが県警が見失い、後に破片の一部を回収。

11月24日 秋田県男鹿市 湯の尻漁港付近／木造船（11月15日に能登半島沖で漂流が確認された船）

11月25日 新潟県佐渡市藻浦崎／木造船の一部（「88737」の記載）・遺体1体（推定年齢20～40歳前後、全身腐敗一部白骨化。身長1.70メートル、黒色スウェット様衣類、「FASHING」のタグのついた黒色スウェット様ズボン、「3MAIX」のタグのついた黒色ボクサーパンツ、黒色靴下、黄土色靴下着用、所持品なし）

11月25日 新潟県佐渡市石花／遺体1体（推定年齢20～40歳前後、身長約1.50メートル、着衣は黒色ゴム製ひも）

11月26日 秋田県男鹿市宮沢 宮沢海水浴場／木造船（長さ約14メートル幅約3.2メートル 船首付近に「556-60756」と記載）・遺体8体（官報には「平成29年11月27日午前8時35分頃、秋田県男鹿市北浦入道崎字昆布浦2番14所在の入道崎灯台から真方位80度10海里付近海域において発見されました」となっているが、この地点は概ね宮沢海水浴場の沖であり、船内を捜索したのが27日なのでこのような記載になているものと思われる。①推定30歳から50歳代、身長1.62メートル、迷彩柄シャツ、紺色シャツ2着、白色Tシャツ、迷彩柄ズボン、黒色ズボン下2着、黒色パンツ、黒色靴下②推定30歳から50歳代、身長1.62メートル、黒色セーター、白色トレーナー、紺色シャツ、白色Tシャツ、手袋［右手のみ］、黒色ズボン、白色ズボン下、黒色ズボン下、紺色パンツ、黒色靴下③推定30歳から50歳代、身長1.57メートル、黒色トレーナー、紺色シャツ、白色Tシャツ、紺色ズボン、紺色パンツ、ハングル文字が記載された紙幣1枚、手帳様のもの1個、紙片1枚④推定30歳から50歳代、身長1.60メートル、黒色セーター、黒色シャツ2着、灰色ランニングシャツ、茶色ズボン、黒色ズボン3着、青色パンツ、黒色靴下、ハングル文字が記載された紙片1枚、ライト1個⑤推定30歳から50歳代、

3月14日 石川県輪島市門前町／木造船の一部
3月18日 石川県羽咋郡宝達志水町／木造船（長さ約5メートル幅約1.5メートル　船尾の白い板にハングル）
3月22日 石川県羽咋市寺家町／木造船
3月28日 京都府京丹後市／木造船
4月17日 石川県輪島市門前町吉浦　猿山岬沖／遺体1体（年齢・性別不詳白骨化頭蓋骨）
4月28日 秋田県男鹿市男鹿中浜間口字岡杭／遺体1体（全長約0.95メートルの一部白骨化した下半身のみの部分死体、50～60歳代前後、身長1.50メートル前半程度と推定）
4月28日 秋田県男鹿市入道崎灯台西300メートル／木造船（長さ約10メートル幅約5メートル）・遺体1体（40歳から60歳代前後、身長1.63メートル、中肉中背、茶色フード付きジャンパー、茶色長袖作業服、迷彩柄長袖シャツ、紺色長袖シャツ、紺色Tシャツ、バックルに星柄がついたベルト付き迷彩柄ズボン、紺色ズボン、黒色靴下、紺色パンツ、所持品　金日成の肖像画の描かれた紙幣5000ウォン12枚、ハングル文字が書かれた紙幣5000ウォン1枚、ハングル文字が書かれた紙幣1000ウォン2枚、中国人民銀行紙幣50元1枚、中国人民銀行紙幣10元1枚）
5月1日 北海道函館市函館港／木造船の一部
5月2日 新潟県佐渡市石名地区／木造船
6月1日 新潟県佐渡市鷲崎地内／木造船
6月26日 兵庫県香住町余部沖／木造船（「0제16749」と記載）遺体1体（推定年齢27～30歳位、身長1.68メートル位、体格中肉、着衣等は、紺色ズボン、茶色ズボン、灰色ズボン、茶色下着、黒色靴下、黒色ジャンバー、茶色シャツ、紺色上着、黒色タンクトップほか）
7月31日 島根県隠岐郡隠岐の島町福浦／木造船の一部
8月9日 島根県隠岐郡西ノ島町三度埼／木造船
9月6日 青森県西津軽郡深浦町大間越／木造船
9月25日 北海道室蘭市東町／木造船の一部
11月7日 新潟県佐渡市羽茂三瀬／木造船（長さ13.7メートル幅3.7メートル「888-88879」の数字記載）
11月15日 秋田県西400キロ沖（大和堆北方EEZ外）転覆した木造船　3名救助
11月16日 秋田県西沖（大和堆）木造船／遺体4体
11月16日 秋田県にかほ市金浦字岡の谷地　金浦漁港南防波堤／木造船1隻（船体に数字とハングルのような文字）
11月16日 石川県輪島市門前町皆月／遺体1体（頭部及び両上肢が欠損し一部白骨化・推定年齢30歳から50歳）
11月19日 青森県北津軽郡中泊町小泊／木造船（長さ8.7メートル）　船体にハ

ンクトップ、茶色ズボン、茶色パッチ、紺色パッチ、柄物パッチ、柄物トランクス⑦年齢不詳、残身長1.20メートル、着衣及び所持品は茶色ズボン、黒色ズボン、黒色パッチ、黒色パンツ、黒色靴下片足⑧年齢不詳、残身長1.47メートル、着衣及び所持品は茶色ズボン、黒色ズボン、黒色ジャージズボン、黒色パッチ、柄物パンツ、靴下⑨推定30歳～50歳、残身長1.56メートル、着衣及び所持品は靴下片足）

12月12日 新潟県佐渡市願／遺体1体（推定年齢20～40歳前後、身長1.70メートル位、体格中肉、着衣、所持金品なし）

12月19日・20日 佐渡市羽茂小泊海岸／木造船2隻・遺体4体（死後2～4か月前後経過、①推定年齢30～50歳前後、身長1.64メートル、着衣は紺色ノースリーブシャツ、下衣は茶色ももひき、紺色靴下着用②推定年齢20～30歳前後、身長1.65メートル、着衣は上衣なし、下衣は「4XL」のタグのある黒色ボクサーパンツ、「MEN」の黒色刺繡のある赤色ボクサーパンツ、救命胴衣1着と釣り道具一式の絡まりあり②年齢不詳、胸骨体に付着した肋軟骨（骨片1片）、着衣なし③年齢不詳、推定身長1.60～1.70メートル、右下腿部及び右足部1本、着衣なし）

平成29年（2017）

1月1日 新潟県糸魚川市筒石／木造船の一部

1月6日 新潟県上越市柿崎区／木造船

1月6日 福井県三方郡美浜町菅浜弁天崎南1キロ／木造船（船体にハングルのような文字　船内にエンジンの一部とドラム缶）

1月6日 石川県志賀町赤崎／遺体1体（推定年齢20歳～50歳位、残存部全長約1.20メートルの下半身のみ、着衣はビニール製透明カッパズボン、海藻が付着した緑色カッパ、紺色カッパズボン、裾部に星マークが入ったボタン付きの茶色長ズボン、「FASHION」と記載のタグ付き鼠色スウェットズボン、鼠色股引、「GB」等と記載の紺色ボクサーパンツ、紺色靴下、所持品はナイロン製、ハングル文字で飴と記載した菓子の包装フィルム1枚、紐1本、輪ゴム1本）

1月7日 福井県小浜市犬熊／木造船

2月7日 島根県隠岐郡隠岐の島町加茂神尾／木造船

2月11日 石川県金沢市／木造船

2月15日 京都府京丹後市間人／木造船

2月15日 京都府舞鶴市瀬崎海岸／木造船

2月28日 福井県三方郡美浜町／遺体1体（年齢30歳～40歳位、身長1.63メートル、死後1～2か月程度経過と推定、オレンジ色救命胴衣、茶色セーター、赤色マフラー、灰色半袖シャツ、白色軍手、黒色ズボン、黒色ももひき、紺色靴下、赤色パンツ、バッジ）

3月8日 島根県隠岐郡隠岐の島町油井／木造船

IN DPR KOREA3101　0300」の表記あるズボン、「OK SAJIA LEATHER GOOD」の表記あるベルト、ズボン、下ズボン、灰色パンツ③推定年齢50歳代前後以上、身長1.66メートル、着衣は、タグに「DPR KOREA」の表記ある茶褐色ジャンバー、シャツ、緑色半袖シャツ、オーバーズボン、ズボン、パンツ、「FASHION」の刺繍のある靴下、「MADE IN CHINA」「DONFENLU」裏に「0」の表記のある長靴④30～40歳代前後、身長1.65メートル、腋部に約10センチの瘢痕があり、「大漁」の表記及鯨のマークのある上衣合羽、ジャンバー、迷彩柄上衣、セーター、「大漁」の表記及鯨のマークのある合羽下衣、ズボン、茶色ベルトのバックルに星3個及び動物の絵が記載された迷彩柄ズボン、下ズボン、黒色パンツ、「999」の表記のあるゴム手袋、靴下、靴裏に「25」の表記のある長靴

12月7日 石川県金沢市沖／木造船

平成28年（2016）

5月20日 青森県下北郡風間浦村易国間桑畑漁港近く／木造船（長さ約6.7メートル幅約1.5メートル　左舷船首部分にハングル）

6月5日 青森県むつ市大畑町大畑漁港沖／木造船（全長約9メートル幅約2.3メートル　船体に海藻が付着　右舷船首部分にハングル）

7月16日 山口県長門市青海島／1名が上陸し青海大橋を渡って本土側仙崎で身柄確保。本人証言は「3日前に北朝鮮・清津市を出発し、15日午後9時ごろに知人の木造船で日本の海域に到達後、ポリタンクにつかまって海に飛び込み漂流。16日午前6時ごろに仙崎港に上陸した」（韓国に送る）

10月17日 青森県西津軽郡深浦町沖（十二湖駅近くの岸壁に引航）／木造船

10月18日 青森県下北郡佐井村沖／木造船（長さ12メートル　船内にズック、手袋、靴下など）

10月29日 青森県下北郡佐井村牛滝漁港／木造船（長さ6.2メートル幅2.53メートル）

10月30日 青森県つがる市七里長浜／木造船（長さ16.2メートル幅4メートル船首に赤色数字　船内にロープや網）

12月2日 京都府舞鶴市小橋／木造船（北朝鮮5000ウォン紙幣2枚、漁具など）・遺体9体（①推定50歳～60歳、残身長1.25メートル、着衣及び所持品なし②推定50歳以上、残身長0.5メートル、着衣及び所持品は黒色のネックウォーマー③推定50歳以上、残身長0.8メートル、着衣及び所持品なし④推定50歳以上、残身長1.69メートル、着衣及び所持品は灰色タンクトップ、黒色ジャージズボン、柄物パッチ、靴下⑤年齢不詳、残身長1.61メートル、着衣及び所持品は黒色ズボン、茶色ズボン、黒色ズボン、黒色パッチ、赤色パンツ、靴下（片足）、黒色ゴム長靴⑥推定50歳以上、残身長1.61メートル、着衣及び所持品は緑色コート（ボタン電池様4個、鉛片2個含む）、黒色ベスト、黒色ハイネックセーター、紺色長袖シャツ、黒色長袖シャツ、緑色タ

持品なし、死後1か月半～3か月経過）

11月22日 福井県坂井市沖／遺体2体（①推定年齢20歳代から40歳代前後。身長1.65メートル、体重49.5キロ、足底部23センチ、着衣は黒色トレーナー、黒色長袖シャツ、灰色タンクトップ、紺色長ズボン、黒色股引、黒色ボクサーブリーフ、右足に紺色靴下、所持品はロープ、死後1～3か月②推定年齢20歳代から40歳代前後。身長1.45メートル、残体重38.8キロ、推定身長1.60～1.65メートル、着衣は灰色半袖Tシャツ、黒色スラックス、黒色ベルト、黒色下衣防寒衣、黒色股引、チェック柄トランクス、灰色ブリーフ、黒色靴下、所持品はロープ片1束、木栓様の木片3本。死後1～3か月経過）

11月22日 福井県越前町沖／木造船・遺体9体（①～⑦が船内、死後1～3か月経過⑧⑨が付近海上。①推定年齢20～40歳前後。身長約1.60メートル、尺骨と足部の白骨死体、着衣、所持品なし②推定年齢20～40歳前後。身長約1.60メートル、頭部と左上腕骨の白骨死体、着衣、所持品なし③推定年齢20～40歳前後。身長約1.65メートル、腰部と下肢がない白骨死体、着衣、所持品なし④推定年齢20～40歳前後の男性。身長約1.65メートル、両上肢と腰部がない白骨死体、着衣、所持品なし⑤推定年齢20～40歳前後の白骨死体。身長約1.65メートル、着衣は黒色ボクサーパンツ、所持品なし⑥推定年齢20～40歳前後の白骨死体。身長約1.80メートル、着衣は赤色ブリーフ、所持品なし⑦推定年齢20～40歳前後。身長約1.70メートル、腰部がない白骨死体、着衣、所持品なし⑧推定年齢20～40歳前後。身長約1.65メートル、頭部と下半身の白骨死体、着衣は黒色ジャージズボン、紺色股引、黒色ボクサーブリーフ、黒色靴下、所持品なし、死後3か月以上⑨推定年齢20～40歳前後。身長約1.70メートル、腰部と大腿骨のみの白骨死体、着衣は緑色長ズボン、黒色ベルト、黒色ジャージズボン、灰色ハーフパンツ、赤色ボクサーブリーフ、所持品なし、死後1～3か月）

11月22日 新潟県佐渡市沖／木造船

11月23日 石川県輪島市沖／木造船の一部

11月 石川県輪島市沖木造船3隻・遺体10体

12月2日 兵庫県美方郡新温泉町沖／木造船の一部

12月2日 新潟県佐渡市岩首／木造船・遺体1体（推定年齢30歳～40歳前後、身長1.68メートル、着衣は救命胴衣、黒色タートルネックセーター、長袖シャツ、黒色スウエットズボン、黒色ボクサーブリーフを着用）

12月6日 青森県下北郡佐井村長後牛滝漁港／木造船（側面に「529-63434」と記載、船内にハングルの書かれた救命胴衣）・遺体4体（①推定年齢10歳代半ば～後半、身長1.58メートル、着衣は、黒色ジャンバー、長袖シャツ、白色半袖シャツ、灰色ズボン、下ズボン、「SHENG XING」の記載のあるパンツ、「BOLO」の記載のある黒色靴下、右足ひも付き裏に「25.0」の表記のある靴②推定年齢20歳代後半～30歳代、身長1.63メートル、着衣は、ジャンバー、作業服上衣、半袖シャツ、青色合羽下衣、タグに「L」、「MAID

11月19日 秋田県能代市浅内／木造船・遺体2体（①推定年齢40歳代～50歳代。身長1.69メートル、パンツ着用②推定年齢10歳代後半～20歳代、身長1.52メートル、迷彩色柄ズボン、下ズボン、パンツ、靴下）

11月20日 石川県輪島市沖／木造船3隻・遺体10体（①推定40歳代から60歳代、身長1.63メートル、着衣は上衣黒色セーター、灰色トレーナー、灰色長袖肌着、灰色半袖肌着、下衣作業ズボン、黒色ジャージズボン、灰色股引、黒色ボクサーパンツ、黒色靴下、所持品なし、死後1か月半～2か月②推定50歳代から70歳代、身長1.70メートル、着衣は上衣灰色長袖フリース、灰色半袖肌着、下衣茶色ズボン、灰色スウェット、灰色ブリーフ、所持品なし、死後1か月半～2か月③推定40歳代から60歳代、身長1.69メートル、着衣は上衣灰色ジャンパー、白色長袖シャツ、白色半袖シャツ、下衣灰色ズボン2枚、黒色ジャージ、紫色ボクサーパンツ、黒色靴下、黒色長靴、所持品はハングルが書かれちぎれた状態の紙30葉位、ハングルが記載された菓子袋1袋、包丁1本、紐1本、死後1か月半～2か月経過④推定40歳代から60歳代、身長1.71メートル、頭部に最長約5センチの黒色直毛が残存、着衣は上衣灰色ベスト、黒色長袖セーター2枚、赤色半袖Tシャツ、下衣茶色作業ズボン、黒色ジャージ、黒色スパッツ、黒色ボクサーパンツ、所持品はライター1個、巻飯用紫菜と記載のビニール袋1袋、死後1か月半～2か月経過⑤推定30歳代後半から50歳代前半、身長1.82メートル、中肉、白髪が混在、着衣は上衣紺色長袖作業服、えんじ色長袖セーター、灰色半袖シャツ、下衣えんじ色長ズボン、灰色半ズボン、灰色パンツ、黒色靴下、所持品なし、死後1か月半～3か月経過⑥推定20歳代から40歳代、身長1.67メートル、中肉、後頭部に僅かな最長約3センチの黒色頭髪が残存、着衣は上衣灰色半袖シャツ、黒色タンクトップ、灰色左胸に金日成の顔入りバッジのついた長袖作業着、下衣ベルト付き灰色作業ズボン、白色ステテコ、黒色パンツ、所持品なし、死後1か月半～3か月経過⑦推定40歳代から60歳代前半、身長1.72メートル、中肉、白髪が混在、着衣は上衣灰色長袖作業服、紺色長袖シャツ、紺色タンクトップ、下衣灰色長ズボン、灰色スウェットズボン、紺色ひざ丈ズボン、灰色パンツ、所持品なし、死後1か月半～3か月経過⑧推定40歳代後半から60歳代、身長1.75メートル、中肉、後頭部に最長2センチの黒色直毛が僅かに残存し白髪が混在、着衣は上衣灰色長袖作業服、黒色長袖シャツ、黒色半袖シャツ、下衣紺色長ズボン、灰色スウェットズボン、紺色半ズボン、黒色パンツ、両足黒色靴下、右足ゴム長靴、所持品なし、死後1か月半～3か月経過⑨推定30歳代から50歳代、身長1.69メートル、中肉、着衣は上衣灰色長袖トレーナー、灰色半袖シャツ、下衣灰色ベルト付き長ズボン、黒色長ズボン、灰色パンツ、両足黒色靴下、所持品は黒色腕時計1個、死後1か月半～3か月経過⑩推定30歳代後半から50歳代前半、身長1.77メートル、中肉、着衣は上衣灰色ジャンパー、黒色セーター、赤色半袖シャツ、下衣紺色長ズボン、灰色スウェットズボン、灰色長ズボン、紫色パンツ、所作業着、紺色トレーナー、革製黒色ベルト、茶色ズボン、紫色ボクサーパンツ、所持金品は、北朝鮮1000ウォン紙幣2枚、死亡推定日時は平成25年頃）

1月23日 福井県三方郡美浜町／遺体1体（推定年齢20～40歳前後。推定身長1.75メートル前後、死後2～3か月経過、オレンジライフジャケット、黒色ジャンパー、黒色トレーナー、シャツ、黒色皮手袋左手用、黒色ズボン、黒色パンツ、黒色靴下）

8月 石川県珠洲市沖で北朝鮮船の乗組員4人救助（後に大連経由で帰国）

平成27年（2015）

1月9日 石川県羽咋郡志賀町安部屋漁港北400メートル／木造船・生存者1人（服などが入っている透明ビニール袋を所持　61歳　後に帰国）

5月21日 新潟県佐渡市羽茂港沖海上／遺体1体（官報によれば推定年齢30歳～50歳代。身長1.66メートル、中肉、着衣は黒色トレーナー、灰色地に黒色波線模様でタグは中国語表記サイズXXXLのトランクス、紺色靴下左足着用、所持金品なし、死後3～6か月経過）

7月23日 青森県下北郡佐井村矢越漁港／木造船1隻

10月27日 青森県下北郡佐井村福浦漁港／遺体1体（官報によれば推定年齢40歳代中心の中年層。身長1.61メートル、着衣及び所持品は、紺色チャック付スウェット、紺色スウェットズボン、水色長袖シャツ、水色もも引き、白色肌着、黒色下着、紺色靴下、裾止めバンド、紺色紐付茶色布袋、白色発泡スチロール2個、白色蓋付プラスチック製容器、煙草）

11月1日 秋田県山本郡三種町沖／木造船

11月2日 秋田県男鹿市／木造船

11月6日 北海道松前郡松前町字茂草／木造船・遺体2体（①推定年齢50歳ないし60歳代。身長1.79メートル、右眉毛部内側に弧状の傷様斑痕あり、着衣は紺色長袖カッパ、紺色長袖ポロシャツ、緑色長袖ボタンシャツ、緑色長袖シャツ、灰色半袖シャツ、茶色カッパズボン、紺色ズボン、茶色股引、赤・緑色トランクス、紺色靴下②推定年齢50歳ないし60歳代、身長1.75メートル、一部生前脱落の歯牙がある、右下腹部に6センチの虫垂切除白色斑痕あり、着衣は透明色フード付き長袖カッパ、ボア付き青色長袖ジャンパー、緑色半袖カッパ、灰色長袖ポロシャツ、黒色長袖シャツ、白色軍手、黒色カッパズボン、灰色スエットズボン、茶色ボクサーパンツ、紺色靴下右足1枚）

11月7日 青森県五所川原市磯松磯野／遺体1体（年齢40～50歳代、身長1.73メートル、着衣は紺色ズボン、茶色股引、紺色トランクス、黒色靴下、前面と側面にハングル文字、底面に「MADE IN DPRK」と刻印された長靴。所持金品なし）

11月14日 新潟県佐渡市岩首漁港沖／木造船（長さ約13メートル幅約3メートル　黒ずんだ船体にハングル　リュックサックに金正日バッジ）・遺体1体（上下黒の衣服）

ォン紙幣1枚、10ウォン紙幣1枚、5ウォン紙幣3枚、たばこ1個、簡易ライター1個、腕時計1個、茶色長袖作業服、黒色長袖セーター、黒色ロングTシャツ、白色半袖肌着、茶色作業ズボン、黒色毛糸股引、灰色ズボン下、白色パンツ、右足に黒色靴下）

12月16日 新潟県佐渡市高瀬／遺体1体（韓国人の可能性も。推定年齢30～50歳前後の女性、体長1.50メートル位、黒色ブラジャー、黒色ヘアゴム、黒色ジーンズ、黒色タイツ、黒色パンツ、黒色靴下、防寒ブーツ半足を着用、韓国1000ウォン紙幣5枚を所持）

12月18日 新潟県岩船郡粟島浦村／木造船（長さ約12メートル・幅約3.5メートル　船首にハングル　船内からイカ釣り漁の針や「朝鮮平壌」と書かれた箸）・遺体1体（身長約1.75メートル、防寒ジャンパー着用・死後数週間）

12月20日 新潟県佐渡市豊田／遺体1体（官報によれば推定年齢30～40歳前後の男性、頭部から脛骨下部まで約1.56メートル、着衣、所持金品なし、死後1～3か月）

12月22日 石川県珠洲市折戸町の海岸／遺体1体（推定年齢60歳以上、一部皮膚、筋肉等が残存する他は白骨化、生前の損傷は不明、黒色ズボン、黒色ナイロン系ズボン、黒色ジャージズボン、小豆色パンツ）

12月23日 石川県珠洲市三崎町の海岸／遺体1体（官報によれば推定年齢20歳から40歳程度の男性、一部皮膚、筋肉等が残存する他は白骨化、上肢骨及び下腿骨は欠損、生前の損傷は不明、推定身長約1.50～1.55メートル死亡日時は平成25年9月24日から平成25年11月24日頃までの間と推定）

12月24日 秋田県男鹿市北浦湯本／木造船（長さ約12メートル幅約3.5メートル　船内に漁網など、この船は平成30年9月時点でも現存している）・遺体3体（死亡の日時は平成25年頃と推定①年齢30～50歳代、頭部欠落、一部白骨化、身長1.48メートル、死因不詳、着衣、上衣なし、下衣はカッパズボン、ビニール製ズボン、ズボン、ジャージズボン2本、ズボン下、ステテコ、パンツ、靴下右足のみ2足、長靴右足のみ、所持品なし②年齢50～60歳代、両手首欠落、頭部白骨化、身長1.69メートル、死因不詳、着衣、上衣はTシャツ、下衣はカッパズボン、トランクス、靴下、所持品なし③年齢30～50歳代、上半身欠落、一部白骨化、身長1.60メートル、死因不詳、着衣、上衣なし、下衣はズボン、トランクス、所持品なし）

12月28日 新潟県長岡市寺泊野積海岸／木造船（長さ8.25メートル幅2メートル　船首に数字やハングル）

12月29日 新潟県柏崎市西山町石地海岸／木造船（長さ6.6メートル幅1.7メートル　船首に数字やハングル）

平成26年（2014）

1月16日 島根県出雲市大社町鵜峠沖／遺体1体（官報によれば推定年齢10歳代～30歳代、身長1.77メートル（中肉）、着衣は茶色ジャンパー、薄茶色

の写真各1枚が入った赤色筒)
4月27日 新潟県糸魚川市田海海岸/遺体1体(衣服の左胸に北朝鮮の金日成と金正日が描かれたバッジ、身長約1.50メートル。目立った外傷はなく、白髪交じりで頭部は白骨化、死後数か月、オレンジ色の救命胴衣のようなものを装着し、その下に灰色の服を着ていた)
※平成24年(2012)12月に遭難した北朝鮮貨物船大角峰(TAEGAKBONG)号乗組員
4月27日 島根県松江市秋鹿町須賀神社東方500メートル岩場/遺体1体
※平成24年(2012)12月に遭難した北朝鮮貨物船大角峰(TAEGAKBONG)号乗組員(年齢不詳、身長1.67メートル、着衣及び所持品はオレンジ色ドライスーツ、黒色ジャンパー、黒色ベスト、灰色セーター、紺色長袖Tシャツ、白色肌着、薄紫色作業ズボン、灰色股引、紺色股引、紫色パンツ、靴下2枚重ね履き、紺色スニーカー、金正日、金日成の肖像画入りの赤色鉄製の筒、軍手1双、携帯電話、鍵束、ガム、タバコ、ライター、現金3万8千ウォン
4月28日 秋田県男鹿市沖/遺体1体
※平成24年(2012)12月に遭難した北朝鮮貨物船大角峰(TAEGAKBONG)号乗組員(金日成・金正日の写真の入った筒)
5月13日 新潟県胎内市村松浜/遺体1体
※平成24年(2012)12月に遭難した北朝鮮貨物船大角峰(TAEGAKBONG)号乗組員
5月21日 青森県深浦町大字北金ヶ沢/遺体1体
※平成24年(2012)12月に遭難した北朝鮮貨物船大角峰(TAEGAKBONG)号乗組員(年齢不詳、身長約1.60メートル、顔白骨化、体格中肉の男性。船舶の救命衣様ピンク色スーツ、紺色ジャンパー、紺色長袖ワイシャツ、灰色長袖トレーナー、灰色長袖Tシャツ、紺色ズボン、灰色ズボン、ベージュ色スウェットズボン、黒色ブリーフ、黒色靴下1足、黒短靴1足。所持金は、北朝鮮ウォンと推定される紙幣30枚、10ドル紙幣5枚、100ドル紙幣1枚)
7月23日 島根県西ノ島町/遺体1体
※平成24年(2012)12月に遭難した北朝鮮貨物船大角峰(TAEGAKBONG)号乗組員(年齢は20歳～50歳代、身長約1.80メートル、性別男性、着衣は長袖シャツ、黒色トレーナー、下着、毛糸帽子、靴、ズボンベルト付き、ジャンパー、背中に「02 TAEGAKBONG NAMPHO」と記載されたドライスーツ等、遺留品は腕時計、ライター、鍵束、無線機様のもの、北朝鮮の故主席の肖像画2枚の入った金属筒)
11月15日 新潟県佐渡市沖の海、姫津沖約5.5キロ/木造船(船尾水没　操舵室上部に赤い塗料でハングル、ジャンパーのような衣類)
12月11日 山形県酒田市緑ヶ丘/遺体1体(平成25年1月から6月の間に死亡したと推定、60歳代前後、身長約1.70メートル、北朝鮮ウォン紙幣1000ウ

メートルの木片、船首付近にハングルと数字)

12月10日 石川県輪島市鳳至町袖ヶ浜海水浴場/木造船・遺体船内に1体、海上に3体(木造船内の遺体①身長1.64メートルから1.72メートル位、男性、黒色パンツ着用、所持金品なし。以下3体は海上②身長1.62メートル、体格細身、男性、上衣は黒色ネックウォーマー、黒色ゴム合羽、茶色ジャンパー、緑色迷彩柄ボタン留上着、灰色パーカー、黒色シャツ、肌色シャツ、赤色Tシャツ、下衣は透明ビニール製合羽ズボン、茶色防寒ズボン、緑色迷彩柄ズボン、金属製バックルに星マークの緑色布ベルト、紺色ジャージ、灰色長股引、白色トランクス、足部は24センチの黒色ゴム長靴、黒色靴下、灰色靴下③身長1.63メートル、男性、上衣は黒色上衣でポケットに煙草、ライター、時計を所持、茶色の長袖Tシャツ、黒色半袖Tシャツ、下衣は灰色ズボン、灰色股引、青色ブリーフ、足部は黒色靴下④身長1.63メートル、男性、体格中肉、前腕部に縦6センチ、横8センチの範囲で刺青、着衣及び所持品なし)

12月12日 石川県輪島市/木造船(長さ約11メートル幅約3.5メートル　船首両横にハングル、漁網や釣り針)・遺体1体(一部白骨化)

平成25年(2013)

1月3日 石川県輪島市門前町吉浦の海岸/遺体1体(40歳から60歳位、身長1.55～1.64メートル、男性、紺色パンツ着用、所持品なし)

1月5日、6日 石川県志賀町福浦漁港近く海岸/遺体2体(官報によれば①推定身長1.65メートル、黒色パンツ1枚、黒色靴下片方、所持金品なし②推定身長1.65メートルの男性、着衣及び所持金品は茶色ズボン、紺色ズボン[ベルト付き]、灰色ズボン下、白色ズボン下各1本、白色ブリーフ1枚、黒色靴下1足、北朝鮮200ウォン紙幣1枚

2月5日 鳥取県鳥取市白兎海岸/遺体1体
※平成24年(2012)12月に遭難した北朝鮮貨物船大角峰(TAEGAKBONG)号乗組員

2月23日 鳥取県鳥取市/遺体1体
※平成24年(2012)12月に遭難した北朝鮮貨物船大角峰(TAEGAKBONG)号乗組員(年齢25歳前後～50歳前後、身長約1.78メートル、遺留品は中国語表記のドライスーツ、ジャンパー、長袖シャツ2着、半袖Tシャツ、ズボン、ウインドブレーカーズボン、股引、ブリーフ、靴下、手袋、筒、金日成、金正日A4判各1枚の写真、スパナ、ライター、煙草)

3月5日 島根県江津市黒松町地内平島/遺体1体
※平成24年(2012)12月に遭難した北朝鮮貨物船大角峰(TAEGAKBONG)号乗組員(推定年齢30歳代～50歳代、身長約1.71メートル、遺留品は、エンジ色緊急用救命衣、茶色作業衣、黒色セーター、紺色スウェット、ブロック柄長袖シャツ、白色肌着、茶色作業ズボン、紺色スウェットズボン、ブロック柄ももひき、縦縞柄トランクス、黒色靴下、紺色靴下、金日成と金正日

表記の新聞様の紙片）

平成24年（2012）

1月6日 島根県隠岐郡隠岐の島町那久岬沖／木造船・生存者3人（9日に北に引き渡し）・遺体1体

1月19日 島根県隠岐郡隠岐の島町／木造船

2月22日 島根県隠岐郡隠岐の島町／木造船

2月27日 島根県隠岐郡海士町／木造船

4月4日 島根県隠岐郡隠岐の島町／木造船

10月7日 石川県輪島市門前町　海底／遺体1体（下顎のみの人骨）

11月28日 新潟県佐渡市大小海岸／木造船（長さ約12.8メートル幅約3.4メートル　エンジン　船首にハングル　捕った魚を保管するスペース）・遺体5体（①推定年齢30～40歳代前後、身長約1.70メートル、着衣は長袖灰色シャツ、紫色ハイネックセーター、赤色半袖Tシャツ、下衣は紺色ナイロン製ズボン、灰色ズボン、水色スウエットズボン、黒色ボクサーパンツ、黒色靴下ほか紳士用黒色デジタル腕時計着用②推定年齢40～50歳代前後、身長約1.64メートル、着衣は上衣なし、下衣は紺色ナイロン製ズボン、モスグリーン色ズボン、黒色スウェットズボン、紺色ボクサーパンツ、ベルト、紺色格子柄靴下着用、ほか茶色地青ライン4本のネックウオーマー、左手首に黄土色サポーター、黒色地緑色ライン、黒色地赤ラインの足首裾止めゴムバンド2本③推定年齢40～50歳代前後、身長約1.58メートル、着衣は緑色半袖Tシャツ、下衣は緑色ビニール製カッパズボン、青色ビニール製ズボン、紺色ジャージズボン、茶色ボクサーパンツ、青色毛糸靴下、外側面及び底部にハングル25.5センチの長靴、紳士用黒色デジタル腕時計着用④推定年齢40～50歳代前後、身長約1.72メートル、着衣なし⑤推定年齢30～40歳代前後、身長約1.65メートル、着衣は茶色上衣、緑色半袖Tシャツ、下衣はこげ茶色ズボン、青色ニットズボン、紺色パジャマ様ズボン、灰色股引、緑色ビキニパンツ、白色モスグリーン色毛糸靴下片方着用、ほか上着シャツ右ポケット内に青色プラスチックライター、上着左ポケット内に黒色メモ帳、「ピパド」と商品名の書かれたタバコ）

12月1日 新潟県佐渡市赤泊杉野浦沖／木造船（長さ約10メートル　船内からイカ釣り用の針）・遺体1体（年齢40～50歳前後／死後1～2か月　胃の中に食べ物なし　遺体は屍蝋化　身長約1.67メートル、着衣は緑色ニット帽、紺色フード付長袖ジャンパー、黒色長袖作業着、紺色ベスト、胸に鷲マーク入り紺色長袖トレーナー、紺色ランニングシャツ、下衣は灰色防寒ズボン、ホック式ベルト、紺色ビニール製ズボン、こげ茶色股引、緑色ブリーフパンツ、両足に白色と小豆色の格子柄靴下、サイズ25.0センチの上部中央にハングルのあるゴム製長靴）

12月1日 新潟県佐渡市北鵜島／木造船の一部（右舷部分とみられる長さ約4

平成18年（2006）

1月4日 京都府舞鶴海上保安部管内／木造船
1月 鳥取県内に4隻の木造船が漂着
1月24日 鳥取県西伯郡大山町／木造船
1月25日 鳥取県鳥取市伏野海岸／木造船（長さ5.65メートル幅1.4メートル）
1月30日 京都府京丹後市久美浜町箱石海岸／木造船

平成19年（2007）

6月2日 青森県西津軽郡深浦町／木造船（長さ7～8メートル幅1.5メートル）・生存者4人
11月中旬以降　北朝鮮からの木造船16隻が漂着、新潟と石川の海岸が大部分

平成20年（2008）

1月10日 福井県福井市西二ツ屋町海岸／木造船（長さ約6メートル幅約1.5メートル　船尾に船外機、船首にハングル）
3月26日 秋田県男鹿市北浦入道崎海岸／木造船（長さ約5.8メートル幅約1.4メートル　側面や船尾にハングル）

平成23年（2011）

2月10日 鳥取県鳥取市白兎海岸／遺体1体（両足首以下欠損して残、身長約1.7メートル、遺留品はビニール製カッパ、コート、ジャケット、トレーナー、長袖シャツ、ストール、迷彩柄ズボン、スエットズボン、ステテコ、ブリーフ、ハングル表記の菓子の空袋、ハングル表記の新聞様の紙片）
9月 輪島市沖合で木造船に乗った脱北者9人を救助（後に韓国に移送）
9月26日 福井県三方郡美浜町関電美浜原発敷地内の岩場／木造船の一部
11月17日 石川県輪島市猿山岬沖／遺体1体（年齢不詳、身長1.62メートル、全身死蠟化し、巨人様化を呈する晩期死体現象が進行した水中死体、上衣はビニール製雨合羽、黒色ジャンパー左胸ポケットSPORTの刺繍有り、クリーム色長袖スェット、黒色Tシャツ、下衣はビニール製雨合羽、黒色スラックス、黒色スェット、クリーム色股引、青色チェック柄トランクス、黒色靴下、ビニール製茶色ベルトOK FUJIALEATHER GOODSの標記）
12月27日 石川県羽咋郡志賀町西海久喜海岸／遺体1体（年齢不詳、推定身長1.61メートル、着衣及び所持品は緑色カッパズボン1着、茶色ズボン1着、茶色スエットパンツ1着、パンツ1枚、黒靴下片方）
12月30日 鳥取県鳥取市白兎／遺体1体（年齢40歳前後～65歳ぐらいの男性。両足首が欠損して残、身長1.70メートル、遺留品はビニール製カッパ、コート、ジャケット、トレーナー、長袖シャツ、ストール、迷彩柄ズボン、スエットズボン、ステテコ、ブリーフ、ハングル表記の菓子の空袋、ハングル

一部白骨化　紺のランニングシャツと緑色のパンツ　死後2～3か月　数百メートル離れた場所に男性の北朝鮮公民証）

12月 新潟県佐渡市鷲崎海岸／木造船（ハングルで「洪原」と記載）・遺体1体（赤十字の照会で「1955年生まれで昨年10月8日漁に出たまま行方不明になった」とのこと）

平成14年（2002）

1月4日 石川県能美郡根上町（現能美市）山口町グリーンビーチ／木造船（長さ約6メートル）

1月5日 石川県羽咋市一ノ宮海岸／木造船（長さ約6メートル　前方にハングルと数字）

1月9日 石川県河北郡宇ノ気町（現かほく市）大崎海岸／木造船（長さ約3メートル　幅約1.5メートル　後方にハングルと数字）

1月11日 石川県羽咋市大川町釜屋海岸／鉄製船（長さ約5.9メートル幅約1.5メートル　船首に文字らしきもの）

3月19日 石川県輪島市小池町海岸／木造船（長さ6.5メートル幅2.5メートル　後部に発動機。船首部分内側にハングルが書かれたプレート）

4月11日 北海道爾志郡熊石町（現二海郡八雲町）見日海岸／木造船（長さ約6.7メートル幅約1.5メートル　船尾にスクリューがあったがさびて動かずエンジンも付いていなかった）

11月11日 秋田県南秋田郡若美町（現男鹿市）野石字五明光／遺体1体

12月28日 石川県河北郡内灘町／遺体1体（身長約1.62メートル、20～50歳、死後1～6か月、金日成バッジ）

平成15年（2003）

1月10日 新潟県岩船郡粟島浦村釜谷／木造船（長さ約9メートル幅約2メートル　船首部分に漁網）・遺体1体（頭部白骨化、身長約1.70メートル、黒の長袖シャツと黒の靴下）

3月5日 新潟県柏崎市海岸／遺体1体（20～40歳　下半身のみ　身長1.65メートル　茶色作業ズボン、青色ももひき、黒色半ズボン、北朝鮮紙幣、死後半年前後）

平成16年（2004）

12月2日 新潟県佐渡市／遺体1体（40～60歳　官報の記載では身長1.52メートル、カーキ色ボタン付防寒ジャンパー、水色ハイネックセーター、青色セーター、白色半袖下着、黒色ズボンのベルト通し部分及茶色皮製ベルト、白色紐付トランクスを着用、メモ帳、朝鮮民主主義人民共和国中央銀行発行の5ウォン札4枚、釣針（ガマカツ製）1袋、ウレタン製耳栓2個を所持）

付属資料

平成10年（1998）以後の北朝鮮船・船体の一部・遺体の着岸漂流一覧（平成30年9月15日現在確認分）

※私が確認したもののみで、すべての着岸漂流を網羅してはいません。特に平成28年（2016）まではごく一部しか書かれていません。また、元の資料の関係で記載の仕方がまちまちになっています（官報の行旅死亡人情報も記載の仕方は自治体によって異なります）。ここではできるだけ生に近い情報にしてありますのでご理解下さい。なお遺体は特記なき限りすべて男性です。

平成10年（1998）

12月2日 島根県隠岐郡西ノ島町／遺体1体　身長1.55メートル（一部白骨化、死後7か月位）

12月16日 島根県浜田市／遺体1体（女性）

12月16日 島根県隠岐郡五箇村（現隠岐の島町）／遺体1体（上着の襟に北朝鮮の階級章様の物が縫いつけてあった）

12月21日 石川県河北郡七塚町（現かほく市）遠塚海岸／遺体1体（女性兵士・労働党候補党員証を身に着けていた）

12月25日 福井県大飯郡高浜町和田海岸／遺体3体　丸太組みのいかだとロープでつながれた男性（軍服姿、腐乱し一部白骨化、死後1～3か月　30～50代、身長1.60～1.70メートル　胴体と足に直径約20センチの球形ブイ数個が付いていた）

平成11年（1999）

1月14日 福井県三方郡三方町（現三方上中郡若狭町）／遺体1体（北朝鮮軍上佐とみられる。「私たちの船は朝鮮人民軍26局4地区副業船、船籍は元山市」「昨年11月に兵士ら15人が乗船して出港したが機関故障で冠水、漂流した」と書かれたメモや航行に関する書類）

1月22日 鳥取県鳥取市浜坂鳥取砂丘／遺体1体（北朝鮮軍兵士・推定年齢30歳代、身長約1.55メートル、深緑色カッパ上下、緑色軍服上（副分隊長の階級章と金日成バッチ付）、緑色軍服下、茶色の皮製ベルト、紺色のジャージ上下、白色長袖シャツ、紺地に赤線入りトランクス、500ウオン紙幣3枚、100ウオン紙幣35枚、死因は凍死の可能性が高い）

平成13年（2001）

12月16日 新潟県岩室村（現新潟市西蒲区）間瀬海岸／遺体1体（30～60歳

著者略歴――――
荒木和博　あらき・かずひろ
特定失踪者問題調査会代表、拓殖大学海外事情研究所教授。昭和31年（1956）東京生まれ。慶應義塾大学法学部政治学科卒業。民社党本部書記局勤務、現代コリア研究所研究部長を経て、拓殖大学海外事情研究所専任講師となり、助教授を経て、平成16年（2004）より教授。北朝鮮に拉致された日本人を救出するための全国協議会（救う会）の活動を経て平成15年（2003）1月、特定失踪者問題調査会を立ち上げ代表に就任、現在に至る。予備役ブルーリボンの会代表。『日本が拉致問題を解決できない本当の理由』『拉致救出運動の2000日』（編著）『内なる敵をのりこえて、戦う日本へ』『山本美保さん失踪事件の謎を追う』（以上、草思社）『自衛隊幻想』（共著、産経新聞出版）『なぜ北朝鮮は崩壊しなかったのか』（光人社NF文庫）『靖国の宴』（高木書房）ほか著書多数。

北朝鮮の漂着船
海からやってくる新たな脅威

2018年12月14日　第1刷発行

著　者　荒木和博
ブックデザイン　Malpu Design（陳湘婷）
発行者　藤田　博
発行所　株式会社 草思社
〒160-0022　東京都新宿区新宿1-10-1
電話　営業 03(4580)7676　編集 03(4580)7680

本文組版　有限会社 一企画
本文印刷　株式会社 三陽社
付物印刷　株式会社 暁印刷
製本所　大口製本印刷 株式会社

ISBN978-4-7942-2369-2　Printed in Japan　検印省略